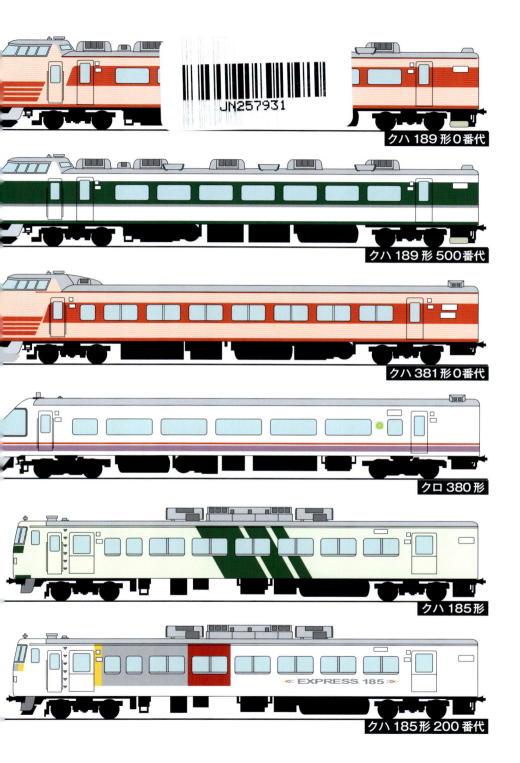

最後の国鉄直流特急型電車

183・185・381系物語

185系特急「踊り子」。2015年3月17日　撮影：村田正博

編著　梅原　淳
著　　栗原　景
　　　渡辺雅史
　　　東良美季

Contents
最後の国鉄直流特急型電車

最後の活躍　国鉄直流特急型電車	4
国鉄直流特急型電車前史 ① 汎用性をもたせたミニ特急	18
183系0番代 車両ガイド	20
国鉄直流特急型電車前史 ② 曲線区間でもスピードを維持	28
381系（1次車）車両ガイド	32
国鉄直流特急型電車前史 ③ 悪夢の四八豪雪	38
183系1000番代 車両ガイド	42
国鉄直流特急型電車前史 ④ 輸送上のネックだった碓氷峠	50
189系 車両ガイド	52
国鉄直流特急型電車前史 ⑤ 東海道本線に残った153系	60
185系 車両ガイド	62
国鉄直流特急型電車運転物語 ① 183系0番代	70
国鉄直流特急型電車運転物語 ② 381系	74
国鉄直流特急型電車運転物語 ③ 183系1000番代	80
国鉄直流特急型電車運転物語 ④ 189系	86
国鉄直流特急型電車運転物語 ⑤ 185系	90
国鉄直流特急型電車の長い日 ① 房総地区にデビューした特急列車苦難の幕開け	94
国鉄直流特急型電車の長い日 ② キハ181系を助けられなかった381系「しなの」	96
国鉄直流特急型電車の長い日 ③ 一日に二度の事故に遭遇した急行「佐渡」	98
国鉄直流特急型電車の長い日 ④ 伊豆大島近海地震により不通になった伊豆急行線伊豆稲取〜河津間	100
国鉄直流特急型電車の長い日 ⑤ 381系 乗り心地との闘い	102
国鉄直流特急型電車の長い日 ⑥ 紀勢本線に381系「くろしお」登場	104
国鉄直流特急型電車の長い日 ⑦ 185系がデビュー、最初は普通列車に使われる	106
国鉄直流特急型電車の長い日 ⑧ 東北新幹線の陰に隠れた「やくも」381系化	108
国鉄直流特急型電車の長い日 ⑨ 1982（昭和57）年11月15日、183系1000番代の大配置換え	110

国鉄直流特急型電車の長い日 10	さようならリレー号、こんにちは新特急	116
国鉄直流特急型電車の長い日 11	回送列車を利用して、座って帰れるライナーが誕生	118
国鉄直流特急型電車の長い日 12	185系湘南ライナーへ	121
国鉄直流特急型電車の長い日 13	国鉄最後の日、直流特急型電車たちは	123
国鉄直流特急型電車の長い日 14	七尾線直流電化で485系が183系に	125
国鉄直流特急型電車の長い日 15	183系は誕生以来の「さざなみ」「わかしお」からついに撤退	127

思い出の国鉄直流特急型電車 ──── 129

国鉄直流特急型電車各形式解説 1	183系0番代	145
国鉄直流特急型電車各形式解説 2	381系	147
国鉄直流特急型電車各形式解説 3	183系1000番代	150
国鉄直流特急型電車各形式解説 4	189系	154
国鉄直流特急型電車各形式解説 5	185系	158
国鉄直流特急型電車各形式解説 6	JR西日本所属の183系改造車	161

バーチャル紀行 国鉄直流特急型電車、全系列・全列車の早まわり乗り継ぎ ──── 164

知って得する国鉄直流特急型電車 1	お召し列車と183系・185系	173
知って得する国鉄直流特急型電車 2	総武本線の地下線と183系	175
知って得する国鉄直流特急型電車 3	189系とEF63形との協調運転	178
知って得する国鉄直流特急型電車 4	車両の位置と車両の向きについて	180
知って得する国鉄直流特急型電車 5	大垣夜行と国鉄直流特急型電車	183
知って得する国鉄直流特急型電車 6	振子電車を走らせるために実施された線路改良	185

国鉄直流特急型電車を理解するために 新製車編／改造車編 ──── 187

最後の活躍 国鉄直流特急型電車

写真・文　持田昭俊

　2015年3月14日ダイヤ改正で183系(189系)「妙高」が撤退し、とうとう183系(189系)の定期運用が消滅してしまった。思えば「さざなみ」「わかしお」デビューから43年の長きにわたって定期運用を持てたのは幸運な車両であった。しかし、長野総合車両センターの定期運用がなくなったとはいえ、篠ノ井～長野の区間などに「おはようライナー」などが残る。

　また、豊田車両センターにはM50編成の旧あずさ色、M51編成の旧国鉄色、そして、新しく色を塗り替えられたM52編成のグレートアップあずさ色の3編成の183系(189系)が波動輸送用として残る。主に土日運転のホリデー快速富士山にはその3編成から充当されているので乗り鉄でも撮り鉄でも楽しむことができる。撮り鉄にとって撮影の穴場はなんといっても富士急行の三つ峠～寿であろう。カーブ区間あり、富士山バックありの、変化に富んだ撮影地だ。他にも、富士山をバックにした撮影地も探せば自分だけの写真になる。

　一方、185系は定期運用が減った分、波動運用として、183系(189系)入線の実績のある路線、両毛線や新金線などが新しい風景を魅せてくれるだろう。

河津桜の中を行く185系特急「踊り子103号」。伊豆急行　河津～稲梓　2015年2月27日

189系M50編成あずさ色の「ホリデー快速富士山」。富士急行大月線　三つ峠〜寿　2015年1月17日

189系 M52編成グレードアップあずさ色の団体専用列車「かながわ」。高崎線 吹上〜行田 2015年3月1日

豪雪地帯を行く189系快速「妙高」。2015年3月14日ダイヤ改正で運用を離脱。
信越本線 妙高高原〜関山 2015年2月24日

サハ481形改造のクハ188形600番代が先頭に立つ189系快速「妙高」。
信越本線 黒姫〜古間 2015年2月24日

185系(斜めストライプ塗装)特急「踊り子」。東海道本線 根府川〜真鶴 2012年6月20日

185系(157系色も違和感がない)特急「踊り子」。東海道本線 根府川〜真鶴 2014年11月2日

苦ヶ坂トンネルを抜けて第23西川橋梁を渡る381系 特急「やくも」。かつてD51三重連で名を馳せた有名撮影地だ。伯備線　新見〜布原　2007年5月13日

太平洋を背景に381系(パノラマ型グリーン)特急「くろしお」が快走する。
紀勢本線 切目～岩代 2012年4月17日

窓下赤細帯が追加された183系特急「こうのとり」。2013年3月16日ダイヤ改正で運用を離脱。山陰本線 下夜久野～上夜久野 2012年4月18日

1996年に485系を直流化改造して183系化した編成。2013年3月16日ダイヤ改正で運用を離脱。特急「たんば」馬堀駅 2011年1月28日

2012年6月1日より183系から381系に交代して、現役で活躍中。381系特急「きのさき16号」
山陰本線　下夜久野〜上夜久野　2015年2月23日

宮津駅で進行方向を変えて京都へ向かう381系特急「はしだて6号」　2015年2月23日

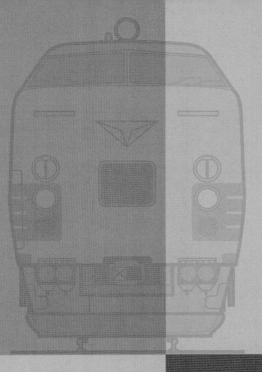

最後の国鉄直流特急型電車
183・185・381系物語

最後の活躍 国鉄直流特急型電車	4
国鉄直流特急型電車前史＆車両ガイド	18
国鉄直流特急型電車運転物語	70
国鉄直流特急型電車の長い日	94
思い出の国鉄直流特急型電車	129
国鉄直流特急型電車各形式解説	145
バーチャル紀行 国鉄直流特急型電車、全系列・全列車の早まわり乗り継ぎ	164
知って得する国鉄直流特急型電車	173
国鉄直流特急型電車を理解するために	187

国鉄直流特急型電車前史 ①
汎用性をもたせたミニ特急

　山陽新幹線岡山開業から4カ月後の1972(昭和47)年7月、総武本線東京〜錦糸町間が地下線として開業する。これに合わせて従来ではありえなかった近距離でも、特急が走り始めることになった。

近代化が必要な
外房・内房両線

　日本国有鉄道の運転、貨物営業、建設、工作、施設、電気、旅客営業の各局(50音順)の局長が1967(昭和42)年の年末に一堂に会し、明くる1968(昭和43)年の国鉄を語る放談会が催された。そのなかで、最も白熱したテーマの一つは房総地区各線の近代化である。

　口火を切ったのは施設局の松本文彦局長だ。

　「……夏に千葉あたりに車で行くとえらい肉体的に苦痛ですよ。一方わが社(筆者注：国鉄)はとみると、煙を出した古い蒸気機関車が走っているし、座席もなくてお客さんは立っている。あれではいかにわが社を愛してくれたといってもとても無理だ(笑)。基本的には輸送力を拡充しなければならないと思うが、何とかもっとうまくやる方法はないかと思う。」(『新春放談会　これからの国鉄』、『交通技術』1968年1月号、交通協力会、8ページ)

　旅客営業局の内田喜之局長は国鉄の現状を踏まえて次のように説明する。

　「……最近都市間の特急や観光地の優等旅客は非常にのびている。昭和42年は特急が30%、急行は10%ぐらい伸びた。この辺のところにほんとうに、輸送力をしっかりつけて行くということは非常に大事だと思いますね。……」(前掲書、8ページ)

　両局長の熱弁に、工作局の江上辰郎局長は次のように答える。

　「今その1つ手前で、SL(筆者注：蒸気機関車)をDL(同：ディーゼル機関車)に変えようという計画があるわけです。皆さんの協力で2年早くやることになった。今年から本格的に始め、集中的にやってゆくつもりだ。」(前掲書、8ページ)

　工作局が「本格的に始め、集中的にやっ」た結果、1972(昭和47)年7月15日を期して房総地区のうち、外房・内房の両線の輸送力増強策が一通りの完成を見た。この日、外房線蘇我〜安房鴨川間が電化され、1971(昭和46)年7月1日までに全線が電化済みの内房線(当時の名称は房総西線)と合わせて非電化区間は姿を消す。また、この時点で複線となっていた区間は、外房線が千葉〜蘇我間と土気〜永田間、内房線が蘇我〜君津間であった。

　江上局長の言葉どおりの状況が実現するとなると、今度は内田局長が述べたように、沿線に首都圏有数の海水浴場という観光地を抱える外房、内房両線に優等列車を増発する必要が生じる。ここでの選択肢は内田局長の発言を参照するならば、成長率30%の特急とするか、それとも10%の急行とするかだ。

増収を目指し
特急の運転を選択

　1972(昭和47)年7月15日は総武本線東京〜錦糸町間4.8キロが開業した日でもある。従来、両国駅を発着していた房総地区の優等列車は、晴れて東京駅を発着できるようになった。東京〜安房鴨川間は外房線経由で

錦糸町駅に入線する183系特急「わかしお」。1976年10月11日　撮影：寺本光照

132.5キロ、内房線経由で162.4キロである（どちらも当時のキロ程・現在も同じ）。

　当時、国鉄の特急で最も短い距離の運転だったのは、東京〜伊豆急下田間167.2キロを結ぶ「あまぎ」。仮に東京〜安房鴨川間に特急を運転すると、「あまぎ」を下回る短距離特急列車が誕生する。昭和30年代の国鉄であれば、格を重んじて房総地区には特急を設定しなかったかもしれない。

　しかし、国鉄は迷うことなく外房線と内房線とに特急を走らせる決断を下す。地下区間の東京〜錦糸町間を走行するには防火対策を強化し、ATC装置を備えた車両でなければならない。特急型、急行型とも当時の国鉄にはそのような条件を満たした車両は存在せず、新製の必要が生じる。国鉄は莫大な額の赤字にあえいでいたので、2車種用意することは不可能だ。普通急行料金に比べれば特別急行料金のほうが高額であるから、より収益力の高い直流特急型電車の製造に踏み切るのは至極当然の結末である。

　加えて、国鉄は1971（昭和46）年に特急についての考え方を大きく変えた。工作局設計課に所属の酒井佐之氏の発言を引用しよう。

「……現在在来線の特急電車は約1,000両あって、全国を走りまわっているが、それでも多客期には切符の入手が困難な状態である。今後は特急列車を大幅に増強し、将来は線区ごとに30分おき・1時間おきと言った具合に特急列車のダイヤを網の目のように組んで、サービスの向上と増収をはかることになる。

　これは、従来のように需要を追いかけて供給をはかるという行き方を捨て、供給をしっかりやれば必らず需要がついてくるという新しい考え方をとったものである。」（酒井佐之、「デラックス化すすむ今後の車両」、『交通技術』1972年1月号、交通協力会、30ページ）

　酒井氏の発言の真意は、「特急列車の在り方を考えている暇があるならば、設定された特急列車を利用してもらえるように努めよ」というものであろう。こうした考え方に基づき、国鉄は183系直流特急型電車の製造に踏み出し、1972年7月15日から東京・新宿〜安房鴨川間に外房線経由の「わかしお」下り9本（うち季節列車は4本）、上り8本（同3本）、東京・新宿〜館山・千倉間に内房線経由の「さざなみ」8往復（同3往復）として、使用を開始した。

　従来の直流特急型電車とは異なり、183系は国鉄の苦しい懐事情を反映した車両であったが、やがて意図したとおりの成長を遂げていく。
（文：梅原 淳）

183系0番代 車両ガイド

房総東線（現・外房線）と房総西線（現・内房線）の電化と東京〜錦糸町間の開業を受けて、1972（昭和47）年7月から「さざなみ」「わかしお」として走り始めた183系特急電車。車両の細部を観察してみよう。

地下線の基準と近距離輸送に対応

　総武本線東京〜錦糸町間の開業と房総東線（現・外房線）の全線電化（直流1500V）とが1972（昭和47）年7月15日に実施された。すでに房総西線（現・内房線）は、1971（昭和46）年7月1日までに同じく直流1500Vで電化されており、言うまでもなく総武本線も新規開業区間を含めて直流1500Vでの電化が行われているので、直流電車による直通運転が可能となる。

　国鉄は外房線経由の新宿・東京〜安房鴨川間と内房線経由の新宿・東京〜館山・千倉間とに電車による特急列車の運転開始を決めた。外房・内房両線経由とも200キロ未満の短距離であるにもかかわらず、国鉄が特急列車の運転を決断した理由は18〜19ページの「国鉄直流特急型電車前史1」で説明した通りだ。

　特急列車の運転に当たり、車両をどのように手配するのかが問題となる。国鉄は1971（昭和46）年度に2342億2520万3000円（現在の貨幣価値に換算して約6311億4924万2000円）の赤字となり、積もり積もった通算の赤字の額は7996億2204万8000円（同2兆1546億8208万8000円）に達していた。極めて苦しい財政事情の折、新たに登場する内房・外房両線用の特急列車には既存の特急型電車を転用して充当したいと考えていたに違いない。

　ところが、さまざまな条件を考慮に入れて検討した結果、既存の157・181系直流特急型電車、485系交直流特急型電車、583系寝台座席両用交直流特急型電車の転用、殊に181系直流特急型電車では対処不可能と国鉄は見なす。というのも、新たな特急列車は、地下線である総武本線の新規開業区間での運転、それから夏季になると爆発的に旅客が増えるといった外房・内房両線の旅客輸送動向にそれぞれ対応しなければならないからだ。

　具体的に見ていこう。181系が地下線を走るには、信号保安装置として採用されたATC-5形の車上装置を新たに搭載する必要が生じる。加えて、今日の国土交通省の前身である運輸省が鉄道監督局長名で1969（昭和44）年5月15日付で出した「電車の火災事故対策」の中で「地下線を運転する車両、地下線に乗入運転する車両」に対して定めたA-A基準（表参照）を満たさなければならない。

　いまでは考えられないことかもしれないが、当時、国鉄に在籍した在来線用の車両の便洗面所で生じた汚水はすべて垂れ流していた。同じことを地下線で行うと地下線が下水道と化してしまうので、車両の便洗面所を使用禁止とするか、汚物処理装置の搭載が求められた。

　今度は外房・内房両線特有の事情を挙げてみよう。外房・内房両線では夏季ともなると海水浴客でにぎわい、自由席は定員を超える利用者が押し寄せることが予測される。したがって、通勤型電車のように100％超の混雑率を考慮した性能を備えていなくてはならない。それから、東京発の下り特急列車を中心に、内房線館山〜安房鴨川間では普通列車と

1969年5月15日付通達の火災対策基準

■ A-A基準

地下線を運転する車両、地下線に乗り入れ運転する車両、別に指定する路線(懸垂鉄道・跨座式鉄道・案内軌条式鉄道)を運転する車両

全般：原則として不燃性材料使用。構造・機能上やむを得ない場合は難燃性とし、使用量を少なくするよう努める。

屋根：金属とし、架空線式の場合は難燃性の絶縁材料で覆う。

天井・内張・外板：金属。塗料も不燃性。

床：金属。敷物は難燃性。

断熱材：不燃性。

座席：難燃性。

日よけ・幌：難燃性。

貫通路：車両の前後端面に貫通口設置(車体と建築定規間が400mm以上の場合は省略可)。
・連結面間の貫通路に渡り板・幌等の設置。
・貫通口および貫通路の有効幅確保(縦1800mm幅600mm以上)。
・扉設置の場合は引戸とする。

主回路：メインヒューズ・ブスヒューズは集電装置に近い位置に設置。
・異常な閉回路を構成しない。床下抵抗器付近の配線禁止・ダクト・防熱板による防護。
・電弧・電熱を発する場所に近接し焦損のおそれのある箇所は不燃性。
・電線被覆は難燃性。座席下部の発熱体と座席間に防熱板。

予備灯：室内灯が消灯したときに自動点灯する予備灯の設置。

通報装置：車掌から客室へ放送出来る装置・運転士と車掌が相互に会話できる装置の設置(停電時も使用可)。

戸閉装置(車掌スイッチ)：停電の際にも開扉できる

ドアコックおよび標示：旅客が操作できる非常停止装置・通報装置の取り扱い方の明示。
・みだりに車外へ出ないよう乗務員の誘導に従うよう要請文の掲示。
・架空線式車両の場合はドアコックの取付位置および操作方法を明示(架空線式車両以外の車両・地下線専用車両は除く)。

消火器：取り外し・取り扱いが容易。油火災および電気火災用のもので客室設置のものは有害ガスを発生しない。

その他：機器箱は不燃性。床下主要機器名の明記。

しても使用する計画が立てられているため、車体側面の客用扉の数を2カ所に増やす必要がある。

1972年7月15日の時点で東京駅の地下駅は暫定開業であり、線路有効長は11両編成分に抑えられていた。しかし、1974(昭和49)年には現在のように15両編成の列車が停車できるようになると目された。その際に内房・外房両線経由の特急列車を2編成併結して運転する計画が立てられたため、先頭車は分割併合が可能な構造とすべきとされた。少なくとも、181系のクロハ181形、クハ181・180形のようなボンネット形状の先頭車では使用しづらい。

いま挙げた条件を満たすよう、国鉄は183系直流特急型電車の製造を行った。183系はモハ183・182形、クハ183形、サロ183形の4形式から構成される。編成は暫定開業時の東京駅の線路有効長いっぱいの9両編成。東京～錦糸町間に存在する33.4‰の最急勾配区間において、モハ183・182形の電動車ユニットが1ユニット不動の状態でも起動できるよう、電動車と制御車・付随車との比率は2対1の6M3Tとなった。

具体的な編成は安房鴨川・千倉方からクハ183形−モハ183形−モハ182形−モハ183形−モハ182形−モハ183形−モハ182形−サロ183形−クハ183形だ。1972(昭和47)年度はモハ

183・182形は1～33の計66両、クハ183形は1～22の22両、サロ183形は1～11の11両の合わせて99両が製造され、9両編成11編成を組む。

ATCの都合でクハ183形は方向を転換しての使用を考慮していない。車番が奇数ならば奇数向き、偶数ならば偶数向きとなっている。これらは、総武本線東京～錦糸町間の開業や錦糸町～津田沼間の線路増設に備えて1972年7月5日に開設された幕張電車区（現・JR東日本幕張車両センター）に配置となった。

車体

それでは、個々の点について細かく見てみよう。まずは車体から。183系の車体は鋼製で、151系以来の張殻構造をもつ。側構えに張られた側板は、窓上の幕板や窓部分の側柱がそれぞれ直線ながら内側にやや傾き一方、裾部である腰板が内側に向かってカーブを描くというつくりも同じだ。

しかし、細部の寸法は181系ではなく485系に合わせてある。たとえば、レール面から台枠上面までの高さは1155mm、レール面から屋根までの屋根高さは3475mmで485系と同じ。181系は台枠上面高さが1030mm、屋根高さが3350mmであるから、181系と比べて125mm高い。

485系とは異なる点も見られる。183系の床面高さは1200mmと、485系の1235mmと比べると35mm低い。床面から窓下部までの寸法は800mmと、855mmの485系よりも55mm短くなった。なお、窓の縦方向の寸法は183系も485系も645mmであるため、幕板に関しては183系のほうが485系よりも90mmほど幅が広い。

床面高さに生じた35mmの差は、床構造の違いによるものだ。485系では下からキース

183系の主要諸元

形式		モハ183形	モハ182形	クハ183形	サロ183形
車体寸法	全長(mm)	20500		21000	20500
	全幅(mm)	2949		2949	2949
	全高(mm)	3990		3945	3910
空車質量(t)		42.5	36.5	39.0	31.5
定員(人)		68		58	48
台車	形式	DT32E形		TR69E形	TR69E形
	固定軸距(mm)	2100			
	車輪直径(mm)	860			
駆動装置	方式	中空軸平行カルダン駆動装置		―	―
	歯数比	3.50		―	―
主電動機	形式	MT54D形		―	―
	1時間定格出力	120kW		―	―
制御方式		直並列、弱め界磁(40%)、総括制御、停止及び抑速用発電ブレーキ		―	―
ブレーキ方式		発電ブレーキ併用電磁直通空気ブレーキ装置		電磁直通空気ブレーキ装置、手用ブレーキ装置	電磁直通空気ブレーキ装置
最大運転速度(km/h)		120		―	―
性能(2両あたりの1時間定格)	引張力(全界磁)(kg)	4860		―	―
	速度(km/h)	72		―	―
集電装置		PS16形×2	―	―	―
保安装置		―		ATC5形、ATS-S形	―
空気調和装置		AU71A形×1、28000kcal/h	AU13E形×5、27500kcal/h		
電動発電機		―	―	MH129-DM88形、210kVA	―
空気圧縮機		―		MH113A-C2000形	―
製造初年		1972年			

トンプレートととも呼ばれる波形鋼板、ガラス綿保冷板、床板、コルク板、塩化ビニール製の床仕上げ材を用い、合わせて厚さ80mmの床を形成している。一方、183系ではA-A基準に適合させるため、波形鋼板の上にはユニテックスなる商品名の塗床仕上げ材を充填し、その上を塩化ビニール製の床仕上げ材で覆う構造に改めており、床の厚さは45mmへと薄くなった。

さて、床面から窓下部までの高さが低くなった理由は2つある。一つはいま述べたとおり、床面高さが低くなったためだ。そしてもう一つは普通車の腰掛を回転リクライニング腰掛のR-51形に変更した結果、座面の位置が従来の回転腰掛であるT-17形と比べて少々低くなったことによる。

R-51形の座面の高さは、背ずりを傾けない状態で床面から385mmであり、430mmのT-17形よりも45mm低い。したがって、R-51形の座面から窓の下部まで415mmあり、485系の425mmと比べると10mm短いものの、小柄な人はもちろん、大人の男性でもやや窓が高い位置にあると感じられるであろう。これは183系に限らず、同時代に国鉄が製造した特急型車両や新幹線電車に共通した特徴である。

4形式のなかで最も特徴の多い車体をもつ車両はクハ183形だ。先頭部分の形状は分割併合に備え、また地下線で非常口として使用するため、前面に貫通路を設けた貫通形となった。そのスタイルは583系のクハネ581・583形に酷似したものとなったが、いくつか相違点が見られる。

まず挙げておきたいのは、前端から乗務員室扉までの距離だ。クハネ581形の2290mm、クハネ583形の2475mmに対してクハ183形は1950mmと短い。クハ183形は全長21000mmとクハ181形の21600mm（一部は21200mm）よりも短いながらATC車上装置を搭載したり、クハ181形では後端から1560mmであった便洗面所の空間が1935mmへと広げられたりした。その一方で定員をクハ181形の56人並みに確保するため、前端から乗務員室までの距離を縮めたのだ。定員は58人となっている。

続いては前面の腰板部分の処理だ。クハネ581・583形とも後部標識灯付近から下の腰板は緩やかなカーブを描いて内側に入り込んでいる。これに対してクハ183系の腰板は垂直に立つ。前面ふさぎ扉や鋼体を簡略な構造とするための方策だ。

運転室側面の窓部分のつくりもやや異なる。この部分の幅はクハネ581・583形では前面窓部分が狭く、後方に行くにつれて広がっていく。一方、クハ183形の場合は前面窓部分も乗務員室扉に近い部分も幅は同じ、つまり側面の窓同士は平行となっている。側面の窓自体の寸法はクハネ581・583形と同じ。前面窓付近の寸法は不明ながら、真ん中は幅415mm、後端寄りは500mmだ。

前面には貫通路を覆う目的で、左右に開く両引戸であるふさぎ扉が設けられた。愛称表示器部分が空洞になっている点をはじめ、クハネ581・583形とは前述のカーブ以外はほぼ同一で、寸法も幅1300mm、高さ2080mmと変わりはない。ただし、クハ183形の場合は上下に2本設置された空気シリンダを用いて自動的に開閉させることができる。開閉に要する時間は6〜7秒程度だ。

車内・運転室

前面のふさぎ扉の内側には開戸があり、妻開戸とも貫通扉とも呼ばれる。愛称表示器が取り付けられており、妻開戸を閉めた状態、つまり先頭車として使用する際にはふさぎ扉に向かって380mmほど愛称表示器を前に押し出しておく。なお、妻引戸を開けて貫通路を使用する場合、愛称表示器が押し出されたままでは貫通路の幅を600mm以上とするという

A−A基準を満たすことができない。

そこで、愛称表示器は妻開戸を閉めた状態でのみ押し出せるようにロック機構が取り付けられており、愛称表示器は妻開戸の内側に裏蓋を設けて押し出す仕組みとなった。

運転室の床面は客室よりも1025㎜高い位置にある一方で、貫通路の床面の位置は客室と同じだ。両者の高低差をカバーし、運転室、貫通路どちらでも使用できるよう、巧妙な仕掛けが用意された。

出入台にある運転室側の仕切壁には助士席側、つまりクハ183形の前面向かって左側に開く開戸が設けられている。貫通路を使用する場合は開戸を開けたままとして助士席後方、だいたい乗務員室扉付近までの空間を閉め切っておく。一方、運転士席側つまりクハ183形の前面向かって右側の後方の空間はこのままでは閉め切ることができないので、折戸を設けて運転士席に旅客の立ち入りを防いだ。

運転士席と助士席部分を閉め切って貫通路とするには、組み立て式の床とふさぎ板とを組み合わせて構成する。運転室として使用する場合、妻開戸側と出入台側との双方に向かってふさぎ板を閉め、両者の間に組み立て式の床を置いて運転士席と助士席とを行き来できるように結んでおく。

貫通路として使用する際には、まず妻開戸側のふさぎ板を助士席側に開いて、助士席を仕切る。続いて組み立て式の床を出入台側のふさぎ板側に跳ね上げて固定し、その状態のまま運転士席に開いて運転士席も仕切っておく。

床面の高さが客室と同じ乗務員室扉から運転士席、助士席へと上がるには181系では階段を使用していた。しかし、クハ183系ではスペースの都合で階段を設けられないので、代わりにステンレス鋼管製の階段が設置されている。国鉄は階段と呼んでいるが、実質的にははしご、正式な言い方では足掛だ。

運転台はユニット式となり、機器類は個別に着脱可能となった。速度計はATCに対応して車内信号が現示できる。

ハンドル類は運転士の左手側に主幹制御器ハンドル、右手側にブレーキ弁という配置で、181系をはじめ、国鉄の新性能電車全般と同じレイアウトだ。ただし、ブレーキ弁はハンドルの取り外し位置が変わり、全ブレーキ(常用最大ブレーキ)位置と自動重なり位置との間から、非常ブレーキ位置を過ぎてハンドルをさらに反時計回りに動かした位置へと改められた。

クハ183形に限らず、国鉄の新性能電車のブレーキ弁やブレーキ装置については補足が必要であろう。1957(昭和32)年に登場した101系通勤型直流電車に始まる国鉄の新性能電車の空気ブレーキ装置は、通常は電磁直通空気ブレーキ装置を使用し、非常ブレーキには自動空気ブレーキ装置を併用する方式を採用した。ご存じのとおり、直通空気ブレーキ装置では列車分離時に自動的にブレーキが作用しないからである。また、自動空気ブレーキ装置を搭載しているおかげで信越本線横川〜軽井沢間ではEF63形直流電気機関車と連結することもできたのだ。

ブレーキ弁のハンドル位置は、時計の短針にたとえるとおおよそ3時から6時を経て9時までの場所に置かれた。電磁直通空気ブレーキ装置部分から説明すると、9時付近に緩め位置、8時付近に準備位置がそれぞれ設けられ、そして6時付近にある全ブレーキ位置までが電磁直通空気ブレーキ装置を作動させるセルフラップ(self lapping)部分であり、ハンドルを反時計回りに動かすほどブレーキは強くなっていく。

101系などでは5時付近にハンドル取り外し位置があり、ここから3時付近までは自動空気ブレーキ装置の位置となる。4時と5時との中間付近が自動重なり位置、4時付近が自動ブレーキ位置、3時付近が非常ブレーキ

位置、183系ではさらに反時計回りに動かしてハンドル取り外し位置が姿を現す。

183系のブレーキ弁のハンドル位置が変更となった理由は、ATCに対応するようにしたためだ。駅などで折り返す際、101系などと同じ位置、つまり電磁直通空気ブレーキ装置の全ブレーキを作動させた状態でハンドルを取り外した場合、車内停止信号を現示しているATC信号が変わり、車内進行信号を現示したとすると、車両に作動させたブレーキが緩み、車両が動き出す恐れが生じてしまう。

このように、ハンドルの位置が変更されたのは183系が初めてではない。帝都高速度交通営団(現・東京地下鉄)千代田線乗り入れ用として新製された103系通勤型直流電車の1000番代、クハ103形1000番代で最初に採用された。また、183系とともに総武本線の地下線に乗り入れることとなった113系近郊形直流電車の1000番代のうち、ATC装置が本搭載となったクハ111形1000・1300番代のハンドル取り外し位置も183系と同じである。

ブレーキ弁のハンドルの位置など、すべての新性能電車で183系に揃えてしまえばよいと思われるかもしれない。だが、101系のハンドル位置にはメリットがあり、合わせられないのだ。そのメリットとは自動空気ブレーキ装置を作動させることなくハンドルを取り外せるというもの。ブレーキ管の圧力空気を減圧せずにハンドルを取り外せるため、駅などでの折り返しの際にブレーキ管に所定の490kPa (5kg/c㎡)の圧力空気を込めることなく短時間で出発できるのだ。

183系は折り返し時間をできる限り縮めるため、圧力空気を一定圧力に調整する役割を果たす圧力調整弁を181系のB7形からB7F形に変更した。B7F形はB7形と比べて460～470kPa (4.7～4.8kg/c㎡)付近での込め能力を増やしてある。

クハ183形には1971 (昭和46)年度本予算で製造の特急型電車の制御車(クハ481-102～、クハ489-3～・503～、クハネ583-20～)と同じくEB装置と緊急防護装置(TE装置)とが搭載された。EB装置とは、主幹制御器やブレーキ弁のハンドルなどを運転士

運転台の計器盤。中央の大きな計器は速度照査付速度計(『鉄道工場』1972年11月号より転載)

が60秒間操作しなかった場合に警報音を発し、運転士が確認扱いをせずに5秒間経過すると非常ブレーキを作動させるというものである。一方、TE装置とは緊急時に押しボタンのスイッチを扱うことにより、非常ブレーキ、パンタグラフ降下、力行回路遮断、気笛吹鳴といった動作を自動的に行う。

車内・客室

普通車、グリーン車とも通路を挟んで2人掛けの回転リクライニング腰掛が並ぶ。シートピッチは普通車が910mm、グリーン車が1160mmとどちらも181系と変わりはない。

鉄道車両は長きにわたって使用されるので、接客設備が陳腐化しないようにと国鉄は考え、591系高速試験電車で試用されたR-51形回転リクライニング腰掛を普通車に導入した。R-51形は背ずりボタンを引き上げると10度ほど傾くものの、その状態を維持するためには背ずりに体重をかけ続けなければならない。あまり快適な仕様とは言えないが、591系のものは背ずりボタン自体がなく、体重のかけ方で背ずりを傾けていたので、わずかながら改良されたと言える。

客室のうち、クハ183形前位の出入台後位の2位寄りにはATC機器室が設けられた。内部に収められたATC制御器、ATC受信器、ATC継電器盤、インバータ用定電圧トランスといった機器の点検は、客室の通路側と出入台との双方に用意された扉を開けて行うことが可能だ。

なお、ATC機器室の向かい側には座席が設置されており、窓のないATC機器室に対してこちらには幅775mmの小窓がある。小窓は特急型電車としては初めて戸袋窓となった。

グリーン車は181系と大きな変わりはない。側面の客用扉は前位の1カ所のみとなっており、後位に非常口が設けられた。食堂車を連結しない代わりに車内販売を拡充することとしたので、前位の端部の1位側にはアイスクリームストッカーやジューススクーラー、同じく2位側には車内販売準備室や車内販売手押車の格納庫が用意されている。便洗面所は後位の端部に置かれ、便所は和式だ。

主回路

パンタグラフは181系と同じPS16形が、モハ183形に2基載せられている。車両に電力を供給するための母線とパンタグラフとの間の回路を遮断するFS64形母線ヒューズは、A-A基準に従って181系での床下から屋根上に移された。

制御方式は181系と基本的に変わりはない。183系はモハ183形とモハ182形とで2両1ユニットを構成し、モハ183形に搭載されたCS15H形主制御器によって2両に8基搭

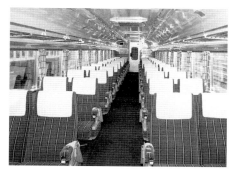

サロ183形（上）とモハ183形（下）の車内（『鉄道工場』1972年11月号より転載）

載のMT54D形直流主電動機を制御する。力行制御方式は抵抗制御と界磁制御であり、力行制御段数は24段。

発電ブレーキ制御段数は24段、抑速ブレーキ制御段数は10段である。主幹制御器ハンドルのノッチ数は力行、抑速ブレーキとも5ずつでやはり181系と同じだ。

CS15H形は、地下線にある34‰の上り勾配を編成中1ユニットを開放したとしても走行できるよう、力行限流値を増やしてある。いっぽう、MT54D形は従来のMT54形と比べてメンテナンスフリー化を進めたものだ。

台車

台車はモハ183・182形がDT32E形、クハ183・サロ183形がTR69E形をそれぞれ履く。枕ばね装置として用いる空気ばねは従来のDT32・TR69形ではベローズ式であったが、183系版ではクランプ式となり、空気ばねの容積が1個当たり23.6ℓへとほぼ半減された。183系は信越本線横川〜軽井沢間の乗り入れにも対応しており、垂直面の座屈を防ぐために空気ばねをパンクさせた際に再度空気を込める時間の短縮にも貢献している。

クハ183形前位のTR69E形台車の第1軸の左右にはATC用の速度発電機が装着された。この車軸が滑走を起こすと、走行中にもかかわらず0km/hと検知されてATCブレーキが正常に作動しない可能性が生じてしまう。そこで、他の車軸と比べてブレーキ率を60％に抑えて滑走を防ぎ、安定した速度の検出を図っている。

主な機器

屋根上に装着の冷房装置は181系のAU12形では水漏れ、煩雑なメンテナンス、車内の温度のムラといった問題が生じていたために一新された。冷房装置はクハ183・モハ182・サロ183形が分散形のAU13E形（1基当たり5500kcal/h、6.3kW）が5基で計27500kcal/h、32kW、モハ183形が集中形のAU71A形（1基当たり28000kcal/h、32.5kW）1基だ。

181系とは異なり、側面には行先表示器が取り付けられた。字幕は70コマ用意されており、運転室内の指令器によって一斉に巻き取られて表示が変わっていく。なお、前面の愛称表示器に表示される字幕は手動で変える仕組みをもつ。

クハ183形の床下には補助電源装置として容量210kVAのMH129-DM88形電動発電機が吊り下げられている。181系の電動発電機はボンネット内に搭載されているので、クハ183形のものも床下とはいえ、運転室に近い場所にあると考えがちだが、実際には後位の台車のすぐ前位寄りに置かれた。

電動発電機はモハ183形から供給された直流1500Vをもとに三相交流440V・60Hzを生み出す。9両編成での給電の状況は、奇数向きで安房鴨川・千倉方となるクハ183形に搭載の電動発電機が5両分を、偶数向きで東京方となるクハ183形のものが4両分をそれぞれ担う。

空気圧縮機はMH113A-C2000形で、電動発電機と同じくクハ183形の床下に装着されている。地下線は湿気が多いため、空気圧縮機によってつくられた圧力空気に水分が混じりがちだ。元空気だめに溜まった水分を自動的に排出できるよう、F1形自動ドレン弁付きとなった。

183系は、房総地区が閑散期となる夏季以外の季節に、信越本線や中央本線系統の特急列車として使用できる。信越本線横川〜軽井沢間ではEF63形に牽引可能な構造をもち、車両限界の小さな中央本線を走行できる車体形状となっている。もちろん、耐寒耐雪構造も備えている。

（文：梅原 淳）

国鉄直流特急型電車前史 2
曲線区間でもスピードを維持

1960年代、自動車との競争に対抗するために、国鉄は高速化への目標を立てる。古い時代に敷設された線形のハンディは車両でカバーすべく、曲線区間でもスピードを落とさず走行できる車両の研究が進められた。

在来線でもスピードアップを！

鉄道の歴史は、スピードアップの歩みそのものと言ってよい。戦後、国鉄はモハ90形での試験を手始めに高速化への取り組みを本格化させ、1958（昭和33）年には東海道本線で151系（後の181系）による110km/h運転を開始している。

1960年代に入ると、鉄道は自動車との激しい競争にさらされるようになり、さらなる高速化への取り組みを本格化させていく。1968（昭和43）年4月5日、国鉄は第6回「列車速度調査委員会」を開催し、「今後の速度向上の進め方」を策定した。そこでは、

……………………………………
①現行速度規制を見直し、すみやかに向上させる
②新技術の開発を行い、最高速度を分岐器通過時を含め130km/hに向上、曲線制限速度を現行規定よりも20km/h向上させる
……………………………………

という2つの方針が確認された。

①については、すでに東海道新幹線が開業した直後から準備が進められており、同年10月のダイヤ改正（ヨン・サン・トオ）において最高時速120km/hへの引き上げという形で実現した。

一方、②については3年後の1971（昭和46）年度までに実現することが目標とされた。目標実現のため、国鉄は電化区間用に高速試験電車、非電化区間用にはガスタービンで動く高速試験気動車を開発し、実験を開始することになる。

スピードアップは遠心力との闘い

当時の技術なら、ブレーキの性能さえ上げれば、直線区間を130km/hで安定して走行することは十分可能だった。しかし、在来線は低速な蒸気機関車の時代に建設された路線が多く、速度制限のある曲線区間が山ほどある。最高速度を上げても、曲線に入るたびに減速していては、所要時間はほとんど短縮できない。この問題を根本的に解決するには、線路を敷き直して曲線自体をなくすのが一番だが、それには莫大な費用と時間がかかる。いかに曲線区間の通過速度を向上させるか。これが、在来線高速化のカギだった。

曲線との闘いは、すなわち遠心力との闘いである。遠心力とは、動く物体が直進し続けようとする法則によって曲線の外側に向かって働く力で、速度が上がるほど強くなる。これを打ち消すには、車体を内側に傾けて重力と遠心力が釣り合うようにすればよい。

そのため、鉄道の曲線区間には「カント」と呼ばれる角度が付けられている。しかし、列車の速度が向上すると、カントの角度では打ち消しきれない超過遠心力が発生する。この超過遠心力が、以下のようなさまざまな問題を引き起こすのである。

……………………………………
①車軸が線路を横方向に押しつける力が

1970年に行われた試運転時のクモハ591形(『鉄道工場』1971年1月号より転載)

増大し、軌道を壊す危険性が高まる(横圧増大)
②車体が曲線の外側に倒れる危険性が高まる(転覆の危険性)
③乗客の乗り心地が悪化する

　超過遠心力を打ち消すには、車体をより深く傾けて重力と遠心力が釣り合うようにすればよい。しかし、低速で走る列車もあるうえ、直線区間からカーブへ移行する距離(緩和曲線)を長く取らねばならないなど、不都合が多い。それなら、車両のほうで、最適な角度に傾くようにすればいいじゃないか……。こうして考えられたのが、振子式をはじめとする車体傾斜装置である。

　車体傾斜制御の研究は古くから行われており、国内では小田急電鉄が1961(昭和36)年から実験を繰り返していた。小田急は、1970(昭和45)年には、曲線への進入を事前に検知して車体を最適な角度に傾斜させる

「空気ばね式強制振子車」の試験を行っている。しかし、当時の技術では万が一装置が故障した時の安全性を確保できず、実用化は見送られた。

　国鉄は、1968(昭和43)年秋から車体傾斜装置の研究を本格化させた。まず高速曲線通過台車TR96形を試作し貨車に装着して、北海道にある狩勝実験線で試験を実施した。この台車は、機械によって車体を傾かせるTリンク式自然振子装置を搭載。横圧の過剰な増大を防ぐため、車体の荷重がかかる位置を変えて前後の車軸に均等に横圧がかかる、移動心皿方式を採用していた。

高速試験電車591系で自然振子装置を検証

　TR96台車の試験結果を基に、1970(昭和45)年春に製造されたのが、高速運転用試験電車591系である。

編成前後で正面形が異なったクモハ591形(『鉄道工場』1971年1月号より転載)

　591系は181系などと同じクリームとエンジ色で塗られた交直流両用電車として登場した。車体傾斜装置には、TR96形台車で採用されたTリンク式ではなく、車体を左右のローラー(コロ)で支持・傾斜させるコロ式自然振子装置を採用。Tリンク式は場所を取り、主電動機の設置が困難だったうえ、機械の摩擦が大きく十分な効果が得られなかったためだ。車体が傾く際の基点となる振子中心はレール面上2100mmに設定され、最大傾斜

591系試験一覧

年度	試験名	期間	区間	最高速度 (km/h)	
				直線	曲線
1970年度 (連接車)	一般走行性能	4月23・24日	仙台～郡山	120	本則＋5
	曲線速度向上	5月28日～6月3日 6月17～19日	白石～藤田 仙台～福島	120	本則＋20
	曲線速度向上	7月18～25日	仙台～藤田	130	本則＋30
	直線速度向上 ブレーキ性能	7月27～31日	仙台～藤田	135	本則＋20
	ブレーキ粘着性能	10月13～17日	仙台～白石	130	本則＋20
	振子定置試験	11月4～6日	郡山工場	－	－
	曲線速度向上	11月11～18日	仙台～藤田	135	本則＋35
	長距離走行試験	11月25～27日	仙台～上野	130	本則＋20
	耐寒耐雪試験	1月19～31日	仙台～青森	130	本則＋35
	人間工学試験	2月2～5日	仙台～郡山	130	本則＋25
	サージ移行試験	2月8～12日	仙台運転所	－	－

改造工事後

年度	試験名	期間	区間	最高速度 (km/h)	
				直線	曲線
1971年度 (20m車)	振子定置試験	4月12～16日	郡山工場	－	－
	曲線速度向上	4月22～26日 5月10～24日	槻木～藤田	135	本則＋35
	特殊試験	7月13～16日	船岡～藤田	135	本則＋35
	曲線速度向上(3級線)	10月28～30日	上田～黒姫	115	本則＋25
	耐寒耐雪試験	1月24日～2月3日	上田～黒姫	115	本則＋25
	曲線速度向上(3級線)	3月7～11日	西鹿児島～熊本	130	本則＋30

振子装置を働かせて車体を6度傾斜させた実験
(『鉄道工場』1971年1月号より転載)

角は6度となった。

車体は3車体を4基の主電動機付き台車で支える連接構造をもつ。一見3両編成に見えるが、全体を1両として扱った。中間の台車2基は前後の車軸が独立して曲線の中心を向くようになっており、前後の車体を結んだ「Zリンク」と呼ばれる装置に連動して向きを変える、かじ取り機構を搭載。車軸が線路に対してスムーズに追従する仕組みで、横圧低減を図った。前後の台車は、TR96形台車と同様移動心皿方式としたが、第1台車は電動で、第4台車は心皿の中心ピンを抜いて移動させるなど2つの方式を試した。

転覆の危険性を低減するために、車体の徹底した軽量化と低重心化も行われた。車体は301系以来となるアルミ合金を採用し、空調設備をはじめほとんどの機器が小型化され床下に搭載された。パンタグラフは、2基のうち1基を空気圧によって傾斜を制御する空気移動式とした。

運転台は、振子作動時に運転士に与える影響を調べるため、前後で高運転台と低運転台の2種類を採用した。

ブレーキは、130km/hから確実に停止できるよう発電ブレーキを中心に使用し、2基搭載された制御器のうち1基は界磁チョッパ制御、もう1基は従来型の抵抗制御と方式を分けた。さらに抵抗制御も4基の主電動機がすべて独立して発電ブレーキを作動させるように設計されるなど、当時の国鉄の最高技術が惜しみなく投じられた。

振子装置は期待通りだが……

開発に1億3700万円を費やした591系は、1970(昭和45)年3月から東北本線で走行試験を行った。これは、新型電車が当初上野〜仙台間の特急「ひばり」に投入されることを想定していたためだ。

振子装置の作動はおおむね期待通りで、本則では70km/hと規定されている半径400mの曲線では105km/hでの通過に成功。逆に台車は、かじ取り機構を働かせると、分岐器の通過時などに先頭軸に強い横圧がかかるといった問題が明らかになった。

結局、連接台車やかじ取り機構、空気移動式パンタグラフなどは期待したほど効果が得られないことが分かり、乗客の利便性も考慮して、1970年度末に一般的な2軸ボギー車2両編成に改造された。ところが、この頃になると東北新幹線東京〜盛岡間の建設が決定し、「ひばり」に新車を投入する意義は薄れてしまっていた。

改造後の591系は、信越本線や鹿児島本線などで試験を重ね、最終的に1973(昭和48)年7月電化される篠ノ井・中央西線の特急「しなの」に投入されることが決定する。最高速度130km/hはコストが高いわりに時間短縮のメリットが薄いと断念され、かじ取り機構付き台車をはじめとする数々の新技術は日の目を見ることはなかった。

しかし、自然振子装置とその関連技術は期待通りの効果を得られるとして、晴れて381系電車としてデビューすることになったのである。

(文:栗原 景)

381系（1次車） 車両ガイド

曲線部分において従来よりも高速で走行できる仕組みをもった381系電車は、1973（昭和48）年夏の名古屋～長野間の電化に合わせて登場。遠心力に打ち勝つ振子装置を備えた、車両の細部を観察してみよう。

381 安住の地を見つけた振子電車

381系は、2年間にわたって走行試験を実施してきた591系の量産型とも言うべき車両である。コロ式自然振子機構を装備し、曲線区間において通常の制限速度（本則）よりも20km/h高速で走行できる性能をもつ。

この車両が初めて投入されたのは、中央西線から篠ノ井線を走る名古屋～長野間特急「しなの」である。381系は、まさに「しなの」のために設計されたような車両だった。

1964（昭和39）年の松本～南松本間を手始めに電化が進んでいた中央西線・篠ノ井線は、1973（昭和48）年夏に名古屋～長野間の電化を完成させ、特急「しなの」が電車化されることになっていた。当初の計画は、181系電車を投入し、線路改良によってそれまでの3時間55分から3時間30分台に短縮するというもの。しかし、木曽川に沿って、山中を縫うように走る中央西線の線形改良には膨大な経費がかかる。線路改良を行わない場合、181系では名古屋～長野間は3時間45分が限度であり、気動車に比べ10分程度しか所要時間を短縮できないことが判明した。

一方その頃、東北本線への投入を想定して試験を重ねていた高速試験電車591系は、東北新幹線の建設決定によって、その存在が宙に浮いていた。そこに、中央西線を管轄する国鉄中部輸送計画室が着目したのである。

当時の中央西線・篠ノ井線は、名古屋～長野間252.3kmのうち曲線部が約115km（45.2%）を占め、とりわけ半径600m未満の曲線（カーブ）は約60km（23.8%）にも及んでいた。この区間に591系の試験成果を当てはめてみると、当初の構想を上回る3時間20分台が可能となる。

中部輸送計画室は国鉄本社に働きかけ、振子電車の量産車は中央西線・篠ノ井線に投入されることが決まった。

車体

それでは、381系振子式直流特急型電車を見ていこう。まずは車体を外から見てみよう。まず目を引くのは、低い車高と、フラットな屋根だ。屋根の高さは3385mmで、183系の3475mmに比べて110mmしか違わないが、屋根の上に空調装置がないので、実際以上に低く見える。低重心化を徹底するため、機器類はパンタグラフを除きほぼすべて床下に搭載されており、その配置は車体傾斜に悪影響を及ぼさないよう、左右のバランスにも特に配慮がされている。

乗降扉は、181系などと同じ1両に1カ所。183系のような大都市での運用よりも、幹線での中距離輸送を想定したためである。

運転台は183系と同様の高運転台。地下路線などへの入線予定はなかったが、外見をスマートにするために貫通扉も装備された。結局この貫通扉が使用されたことはほぼなく、後に紀勢本線や伯備線に投入されるクハ381形100番代では省略されている。

パンタグラフは、183系0番代で使われて

神領電車区から名古屋に回送される381系特急「しなの9号」。折り返し長野行きとなる。
中央本線　金山〜鶴舞　1977年3月29日　撮影：寺本光照

いるPS16H形を基本に、頭頂部にある集電舟は車体傾斜に対応して全体を短くし、集電範囲を広くとるよう改良したPS16I形。591系で実験した移動式パンタグラフは必要性が薄いとして、採用は見送られた。

車体下部に目を向けると、円を描くような絞った形状が印象的だ。これは振子装置で車体が回転した際、車両限界に干渉しないようにするためだ。連結部は、通常車体上部に取り付けられている揺れ防止の車端ダンパが見当たらない。低重心化のため、連結器よりも下に装備されている。

車内・客室

次に、車内に入ってみよう。出入台から客室に入る仕切り扉は、マットスイッチ式の自動扉だ。扉から客室内を見渡すと、183系などよりもかなり車高が低く感じる。床面の高さは1105mmで、183系の1200mmより95mm低く、扉に立つとやや見下ろす視点になるためだ。自動扉マットが短いスロープ状になっているのがユニークで、車高の低さを実感する。

壁はメラミンプラスチック板だが、仕切部の化粧板は、583系に準じた木目調のデザインだ。床から天井までの高さは2050mm。フラットな天井には40Wの蛍光灯が2列に並び、夜間運用を考慮して、調光装置が付いている。

座席は183系で採用されたR51形を基に、軽合金を使用して約20kgの軽量化を果たしたR52形簡易リクライニングシートを採用。基本的な設計はR51形と同様だが、背もたれをリクライニングさせた際に、戻りにくい構造に若干改良された。だが、機械的なロック機能が付くのは、1977(昭和52)年に製造される「くろしお」用増備車の登場まで待つことになる。なお、グリーン車の座席も183系からより軽量化したR-30系のシートを設置している。

客室窓は、視野を広くするために座席2列に対して1枚の二連ガラス(幅1400mm×高さ635mm)だ。寝台電車の583系と同様、二重

窓の間にベネシャンブラインドを内蔵したユニットを使用している。客室に露出しないのでメンテナンスフリーで、二連窓ながらブラインドは1列ごとに上げ下げできるのもありがたい。

グリーン車は、プライバシーに配慮して座席1列ごとの1枚ガラス(幅1930㎜×高さ635㎜)を採用しているが、奇数列と偶数列との間隔が狭く、外観上は二連ガラスに見えるのがユニークだ。一方で、窓際に小物を置くスペースがなく、窓側には小型のテーブルがあるが、コップを置くのがやっとという感じである。

便所と化粧室は、定員確保のためモハ381形では省略され、1編成9両に対して6カ所となった。また、食堂車が設定されなかったため、サロ381形の前位の車端部に車販準備室が設置されている。

軽量・低重心を究めた381系の苦心が見えるのが、冷房システムだ。重心を低くするため、空調装置は基本的に床下に設置されており、冷房はAU33形で容量2万8000kcal/hの集中式。車両前後の妻部から取り込んだ外気は座席下部のダクトを通って冷房装置に送られ、壁面の冷房風道から天井に導かれて客室に入る。このため、窓際の足もとにダクトがあり、足もとが狭い。窓際に座った人は身体を少しよじるか、片足をダクトに載せるしかないが、大柄な人は前述の小型テーブルに足がつかえるかもしれない。

また、壁面の冷房風道は1両に左右各2カ所ずつあるが、この張り出しが腰掛の回転機構と干渉するため、この列のみシートピッチが950㎜と、40㎜広くなっている。

冷房の制御は温度検知器によって自動制御されており、暖房と合わせて乗務員室から総括制御できる仕組み。暖房は従来の電車と同様、座席の下部に取り付けられたヒーターを使用し、客室の排気は、室内外の圧力差を利用して自然排気する。

主電動機

591系は交直流両用だったが、381系は中央西線・篠ノ井線のほか中央東線など直流電化区間への投入が予定されていたため、直流専用となった。最高速度は、183系などと同じ120km/h。莫大な開発費用と軌道改良を行って130km/h運転を実現しても時間短縮効果は名古屋〜長野間で1分程度と薄く、量産車には可能な限り在来の安定した機器を使用したほうが、安全に運行できると判断された。なお、中央西線の名古屋〜多治見間で130km/h運転が始まるのは、実に35年後の2007(平成19)年からである。

車体はオーソドックスな20m車となり、車体長は20.8m。591系は全電動車編成だったが、変電設備などの増強を招かないよう183系と同様な2M1T(電動車2両+付随車1両)の3両1ユニット。基本編成は3ユニット9両編成とされた。電動機出力は183系と同じ120kWだが、小型軽量を図るため回転数を高くとり、トルクを補うため歯数比は4.21と、他の183系などの3.50よりも大きい。このため加減速性能に優れ、曲線の多い中央西線に適した性能となった。

車体は徹底した低重心化が図られ、車体素材は591系と同様主としてアルミニウム合金を使用。同じアルミ製の301系に準じて300番代とし、381系の型式番号が与えられた。運転時間は主として2〜3時間台を想定しており、183系に引き続き食堂車は設定されない。その結果、車両はクハ381形(Tc)、モハ381形(M)、モハ380形(M')、サロ381形(Ts)の4形式だけというシンプルな構成となった。

台車と振子装置

台車は、591系の第4台車に採用された

591系のDT95形電動台車はMc3車用で、中央部にコロを使った振子装置が付いている(『鉄道工場』1971年1月号より転載)

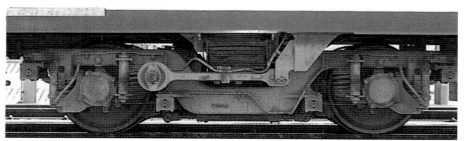

DT95形を改造した振子装置を内蔵する381系用DT42形電動台車(『鉄道工場』1971年1月号より転載)

DT95形を基本とし、量産向けの改良を加えたDT42形(電動車)・TR224形(付随車)台車を使用している。軸距、つまり二対の車軸の間隔は、591系では2300mmと2100mmの2種類が試されたが、特に性能に差がなかったため、2300mmを採用した。

381系の肝となる車体傾斜装置は、591系と同じコロ式自然振子装置だ。ただし、列車が傾く際の中心点となる振子中心はレール面上2300mmと、591系よりも200mm高い。その代わり、最大傾斜角度は1度小さい5度。中心を高くして振子効果を大きくし、傾く量を減らして車体形状への影響を抑えた。

振子装置の動作は運転席のスイッチでオンオフでき、振子電車に非対応の路線も走行できる。オンになっている場合でも低速走行時はロックがかかり、50km/hを超えて初めて動作する仕組みだ。

車両自体は本則+25km/hを実現できる性能を備えていたが、中央西線での営業運転では本則+20km/hと決まった。従来70km/hに制限されていた半径400mの曲線では、381系なら90km/hで通過できることになる。

不快な超過遠心力は振子装置によって打ち消され、乗り心地は従来の電車と変わらないというのが、国鉄の説明だった。

ブレーキ

ブレーキは、130km/h運転を断念したため、従来の車両と同様空気ブレーキと電気ブレーキとを併用するが、新機軸も多数搭載されている。

非常ブレーキ作動時には、物理的に止める空気ブレーキだけでなく電気ブレーキも作動するほか、通常のブレーキ系統が動作しなくなった場合には非常予備空気だめと電磁弁からブレーキシリンダに空気を送る直通予備ブレーキも搭載。車輪が空転してフラットスポットを作らないよう、ブレーキ初速が100km/h以上

の時のみ作動するブレーキ率速度制御、つまりアンチロックブレーキも装備された。

また、レールと車輪間の粘着性能を安定させる踏面清掃装置も、国鉄として初めて搭載されるなど、安全性は従来の車両を上回るものとなった。

想定通りの性能は発揮したものの…

こうして完成した381系電車は、1973（昭和48）年7月10日から名古屋〜長野間のエル特急「しなの」6往復に投入されることになり、川崎重工業と日立製作所とで1次車として47両が製造された。当初は75両を導入して10往復体制とする計画だったが、新機軸が多数盛り込まれた新型車両ということで慎重な導入方針が取られ、大阪直通便を含む2往復はキハ181系のまま据え置かれた。

営業運転に入った381系は初期故障も少なく、当初からその性能を遺憾なく発揮した。名古屋〜長野間の表定速度は時速75.7kmと、キハ181時代の64.4kmから大きく向上し、最短所要時間は3時間55分から3時間20分に35分の短縮を果たした。国鉄にとっては目論見通りの効果だったが、間もなく乗客からの「乗り心地が悪く酔う」という苦情が寄せられるようになり、マスコミにも報道されていく。

設計及び試験走行による測定では、超過遠心力は打ち消され、従来の車両と変わらない乗り心地を実現しているはずだったが、何が起こったのか……。曲線区間での高速化を果たした振子電車は、ここから乗り心地の向上という課題に取り組んでいくことになる。

（文：栗原 景）

クハ381形の運転台（『鉄道工場』1971年1月号より転載）

サロ381形の車内。窓は普通車同様、ブラインド内蔵の二重窓で窓上のハンドルの回転で上下する

381系の主要諸元

形式			モハ381形	モハ380形	クハ381形	サロ381形
車体寸法	全長(mm)		20800	20800	20800	20800
	全幅(mm)		2905	2905	2905	2905
	全高(mm)		3540	3960	3945	3540
空車質量(t)			36.1	35.1	34.0	35.0
定員(人)			76	72	60	48
台車	形式		DT42形		TR224形	
	固定軸距(mm)		2300			
	車輪直径(mm)		860			
駆動装置	方式		中空軸平行カルダン駆動装置		—	—
	歯数比		4.21		—	—
主電動機	形式		MT58形		—	—
	1時間定格出力		120kW		—	—
制御方式			直並列、弱め界磁(40%)、総括制御、停止及び抑速用発電ブレーキ		—	—
ブレーキ方式			発電ブレーキ併用電磁直通空気ブレーキ装置、直通予備ブレーキ装置		電磁直通空気ブレーキ装置、手用ブレーキ装置、直通予備ブレーキ装置、	電磁直通空気ブレーキ装置、直通予備ブレーキ装置
最大運転速度(km/h)			120			
性能(2両あたり)の1時間定格	引張力(全界磁)(kg)		4460		—	—
	速度(km/h)		77		—	—
集電装置			—	PS16I形×2	—	—
空気調和装置			AU33形×1、28000kcal/h			
電動発電機			—	—	MH128C-DM85C形、110kVA	MH128C-DM85C形、110kVA
空気圧縮機			—	MH113A-C2000M形	—	—
製造初年			1973年			

国鉄直流特急型電車前史 3
悪夢の四八豪雪

1973（昭和48）年11月から年をまたいで3月まで、日本海側の東北・上越地方はこれまでにない豪雪に見舞われた。後に「四八豪雪」と呼ばれるその白魔は、181系特急電車に襲いかかった。

予想を超えた驚愕の積雪量

今日のJR東日本新潟車両センターの前身である新潟運転所には、1973（昭和48）年10月1日に実施された時刻改正の時点で、131両の181系直流特急型電車が配置されていた。

モロ181・180形が13両ずつ26両、モハ181・180形が25両ずつ50両、クハ181形が25両、サハ181形が1両、サハ180形が13両、サシ181形が16両という内訳である。

これらのうち、110両は新潟方からクハ181形－モハ181形－モハ180形－モハ181形－モハ180形－サシ181形－サハ181形またはサハ180形－モロ180形－モロ181形－クハ181形の10両編成11編成を組み、残る29両は予備として待機し、上野～新潟間の「とき」13往復に用いられていた。

1973年から翌1974（昭和49）年にかけての年末年始の輸送をほぼ無事に成し遂げた181系に試練のときが訪れる。すでに1973年11月から東北地方に大量の雪を降らせていた寒気団が南下し、1974年1月中旬以降、上越線沿線にも豪雪をもたらしたのだ。

上越線の雪害被害というと1963（昭和38）年1月11日から新潟県を中心に見舞われた三八豪雪によるものが知られている。当時の除雪能力を上回る積雪となったため、投入されたばかりの161系直流特急型電車を用いた1往復の「とき」は、なんと1963年1月24日から同年2月17日まで25日もの間運休を余儀

なくされた。

三八豪雪で上越線の沿線に降った雪の量の累計は1370cm。一方で、後に四八豪雪と呼ばれた1974年の累計降雪量は三八豪雪の2倍近い2480cmを記録した。いかにこの年の寒波が強力なものであったか、お分かりいただけるであろう。

この豪雪は、「四九豪雪」とも、また降雪は前年の11月から始まったため、昭和48年の年号をとって「四八豪雪」とも呼ばれる。気象庁の観測データによると、雪は秋田・山形・青森の3県で11月18日前後より降り始め、なんと翌年の3月末までほぼ毎日続いた。特に年が明けて2月に入ると、秋田・青森では最大積雪が1mを超え、多いところでは1.6mを記録する。

2月12日には山形県と秋田県の小・中学校で、体育館の屋根が雪の重みに耐えきれず、相次いで倒壊するという事故が起きている。山形県東村山郡中山町にある豊田小学校では、校舎北側にある鉄筋モルタル建ての体育館が突然「ズズーン」という大轟音とともに崩れた。激しい雪煙が収まった後には、飴細工のように曲がった鉄筋が散乱し、体育館全体はまるで押し潰されたマッチ箱のようだったという。

ちょうど3時間目の授業中で、体育の授業をしていたクラスもあった。しかしこの日は珍しく小雪がちらつく程度だったため、生徒たちは屋外でスキー教室をしていた。したがって偶然体育館の中は無人で、時間的にはこの季節は寒さのため、昼休みには多くの児

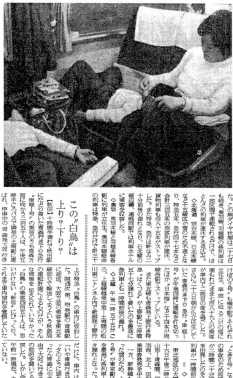

疲れ果てて　特急〝白鳥〟の車内で仮泊する母と子。25日夕方に北海道旭川市を出て新潟県上越市へ里帰りの途中という（26日夜、土崎駅で）

四八豪雪によって東北・北海道地区のダイヤがマヒ状態に陥っていることを伝えた1949年1月27日付毎日新聞の記事。写真は特急「白鳥」の車内で仮泊する母と子を写したもので、2日前に北海道旭川市を出て新潟県上越市へ向かう途中だという

車内に二晩目も
奥羽・北海道の豪雪マヒ

童が体育館で遊んでいたというから、まさに奇跡のような幸運であった。

また、同日秋田では15時25分頃、秋田市立太平中学校の体育館の屋根がやはり雪の重みで倒壊。同校ではなんと15分前の15時10分まで2年生の女子が体育の授業をしており、こちらもまさに間一髪で大惨事が避けられたのであった。

昭和49年に入り「とき5号」に火災発生！

181系が見舞われた四八豪雪は、1月20日に端を発する。この日、上野19時38分発、新潟23時33分着、そして新潟18時50分発、上野22時48分着と上下の「とき13号」が雪に行く手を阻まれ、終着駅への到着が未明にずれ込んだ。これを機に四八豪雪は181系を容赦なく痛めつけていく。

1月26日、上り「とき5号」は、本来は通過となる水上駅に臨時停車。理由は車両故障によるもので、前途運休となった。以降、「とき」は1月いっぱいは、おおむね1往復が運休となる。

2月に入っても状況は好転しない。11日の20時45分頃、上越線新前橋〜群馬総社間を

国鉄直流特急型電車前史3　39

走行中の下り「とき12号」の1号車、クハ181形の配電盤から火災が発生。1号車は停電し、車内に煙が充満し、約60人の乗客は一時パニックに陥ってしまう。

群馬総社駅に臨時停車した「とき12号」の火は前橋消防署から駆けつけた消防車によって消し止められた。応急処置の結果、運転は可能と判断され、1号車を閉鎖扱いとした後、群馬総社駅を21時48分に出発。消火器の薬剤を吸い込んで喉を痛めた乗客の治療のため、渋川に臨時停車し、同駅を定刻から2時間33分遅れの21時58分に出発して、新潟に向かった。

火災の原因は、側面の客用扉の隙間から入った雪が配電盤に浸入した結果、ショートして出火したというもの。181系は耐寒耐雪構造を備えているとはいえ、新潟運転所にはかつての151系から改造されたグループが131両中、7割に当たる92両が配置されていた。旧151系も耐寒耐雪構造に改められてはいたが、元はといえば温暖な東海道本線用であったため、いわば初歩的とも言えるトラブルを引き起こしてしまったのだ。

四八豪雪は181系の弱点を突くかのように、引き続き猛威を振るう。特に2月13日の夜半から14日朝にかけては40〜60cmの新雪が降り、しかも強く吹雪いたため、上越・信越・奥羽の各線などがマヒ状態に陥った。

その結果、14日の長距離列車の運休本数は上越、東北、奥羽、羽越、信越、北陸各線で特急31本、急行12本に及び、また多くの列車が雪によって進路を閉ざされ、乗客3578人が車内で缶詰状態となった。この間、横手では積雪4.2m、院内でも3.3mを記録。猛吹雪のなか、ラッセル車の作業もままならない有り様であった。

この状態は14日終日続き、続く15日も特急の運休本数は18本を数えた。19・20日の両日も、「とき」は上下合わせて10本が運休に追い込まれた。豪雪によって主電動機などの機器に雪が入り込んだ結果、18日の段階で運転不能となった181系が、50両も発生したからだ。

181系による「とき」を救済すべく、金沢運転所(現・JR西日本金沢総合車両所)所属の489系交直流特急型電車などによって一部の列車の運転が代行される。しかし、181系の不調は国鉄の予想を超えていた。しかも東北・北陸地区の485・489系自体が、軒並み雪害で故障しているなかでの車両の振り替えであったため、焼け石に水という様相を呈していたのはやむを得ない。

結局、2月は2〜5往復の「とき」が連日運休に追い込まれた。挙げ句の果てにはコラムにあるように「安全を確保できない」と、運転士の多くが所属する国鉄動力車労働組合高崎地方本部が181系の減速闘争を始めたほどだ。

欠点を克服すべく新たな電車の開発へ

1973年12月1日から1974年3月31日までの悪夢の四八豪雪期間中、181系は雪害によって22件の車両故障を起こした。原因別に見ると、主回路機器の故障が9件、補助回路機器の故障が6件、電動発電機や電動送風機といった補助回転機やその付属機器の故障が3件、台車の故障が3件、車体その他の故障が1件である。

特筆すべきは配置10両当たりの発生件数だ。181系は17件と、次いで多い青森運転所(現・JR東日本青森車両センター)所属の485系の10件を大きく上回った。

50両もの181系が新潟運転所で修繕を待つという危機的状況に陥った2月18日、国鉄はついに決断を下す。181系に代わり、耐寒耐雪構造を強化した新しい特急型電車の投入である。

(文:東良美季・梅原 淳)

181系の減速闘争

　四八豪雪の期間中、181系は耐雪ブレーキの使用過多によって走行中に車輪に亀裂が生じて割れるなど、大事故にも繋がりかねない車両故障も続出した。

　そのため「これでは危なくて運転などできない」と、国鉄動力車労働組合高崎地方本部(動労高崎地本)は、車両故障の原因を明らかにするとともに181系の廃車を求め、それができない場合は最高速度120km/hでの運転を95km/hまで減速するよう、高崎鉄道管理局に申し入れた。そして3月4日に団体交渉に臨む。結果、6日より減速闘争に突入する。

　1974(昭和49)年3月13日の読売新聞朝刊、コラム「人間登場」にて、当時の動労高崎地本の木村忠一委員長は、181系について苦笑しつつ、こう語っている。

　「あのホラ、天然記念物のトキ——あれと同じで絶滅寸前。もう疲れ切ってヨボヨボの車両なんです」

　木村氏は「十五年前の車両も走っている。しかも高速で。もとがもとだから雪には弱いし、そのうえ予備車両が少なく、無理に無理を重ねてる感じ。(乗客が)新聞が読めないほど揺れる」とその実状を語る。「とき」の運転士は異常音と異常振動など車両のことに気を取られ、運転に支障をきたしていた。そこで「とき」に検査係の同乗を要求するも、当局の答えは「状況に応じてそのつど考慮する」であったという。

　「常時危ないのにそのつどじゃ話にならない」と動労は減速闘争に踏み切る。

　「乗客の安全を守ることは、乗務員の基本的義務なんですから、徹底的に戦いますよ」と、木村委員長は昭和の国鉄マンの気骨を見せている。

(文：東良美季)

特急「とき」の減速闘争を指導する動労高崎地本委員長の木村忠一氏のインタビューを掲載した、1974年3月13日付読売新聞

国鉄直流特急型電車前史3

183系1000番代 車両ガイド

1973(昭和48)年から1974(昭和49)年にかけての四八豪雪(ヨンパチ)によって、暖地仕様の181系0番代には故障が多発。これを克服すべく、上越の雪害にも耐えうる新型特急車両の製造が急がれた。

限られた時間で製造された雪に強い新型車両

　四八豪雪は未曾有の規模の大寒波であった。前項で記したとおり、181系は満身創痍の状態に陥り、走行に困難を来す。雪害によって電車がここまで痛めつけられた事例は、この年の181系、そして札幌〜旭川間の特急「いしかり」として1975(昭和50)年夏から1980(昭和55)年夏まで走り続けた485系1500番代に代表されると言えるであろう。

　だからといって、雪に弱いという181系の弱点を、1974(昭和49)年の冬まで国鉄の関係者が知らなかったのではない。181系は冬になると乗り心地の劣化が問題となっていた。理由の一つは老朽化の進行によるもの。もう一つは深刻で、車両が巻き上げた雪の塊やバラストが、枕ばね装置の空気ばね、それから台車枠に対して横揺れができるように支えられている横方向のはりである揺れ枕に入り込んだ結果、乗り心地を損ねるとともに、最悪の場合、空気ばねや揺れ枕の損傷にまで至っていたからだ。

　国鉄は1970年代の初めに181系のうち、特に151系から改造されたグループは早急に置き換えるべきであると考えていたらしい。実施に移されなかったのは国鉄の財政事情によるものであろうし、また1971(昭和46)年12月に着工となった上越新幹線の存在も、新車の導入をためらわせた要因に違いない。

　上越新幹線は、着工当初は1976(昭和51)年度の開業と目されていた。当然のことながら上越新幹線が開業すれば、上越線の「とき」は全廃となって車両に余剰が生じるので、老体にむち打ってでも181系に頑張ってもらおうと国鉄は考えたのであろう。

　上越新幹線はその後、トンネル掘削工事の遅れで開業時期が延期となる。一方で151系から改造された181系の状況はもはや限界に達していた。すでに述べたように国鉄は四八豪雪の最中の1974年2月18日に新たな特急型電車の製造を決断。そして、同年3月末には日本車輛製造と近畿車輛の両社(製造番号順)に発注と、慌ただしく事を進めている。

　いま挙げたような経緯で、1974年12月に登場した183系直流特急型電車1000番代は、極めて異例の状況のもと登場した。その異例ぶりは、当時の国鉄の車両設計事務所で製造の指揮に当たった森下逸夫氏の記述からも明らかだ。

　「……急遽雪に強い新車38両を投入することとなり、49年度第2次民有車両として新車発注された。この計画では、どうしても49年度冬までに新車を投入しなくてはならず、基本的には183系をベースとして床下機器の耐雪性能を高める設計変更を急ぐこととし、49年3月末に発注された。しかし電車の新製には、設計変更がない場合でも普通1カ年以上の期間が必要であるのに、設計変更をして約9カ月で製造するのには相当の無理があった。(中略)

　耐雪設計を行なうにあたっては、本来現車試験を経なければ、満足な設計は行なえないが、その余裕がないため設計変更は48年度の

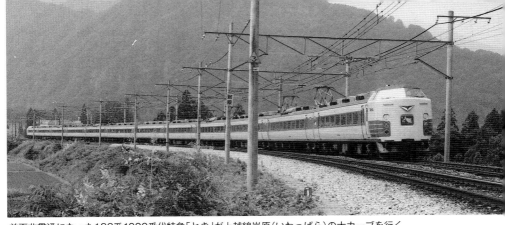

前面非貫通になった183系1000番代特急「とき」が上越線岩原(いわっぱら)の大カーブを行く。
1981年7月22日 越後中里～岩原スキー場前 撮影：寺本光照

被害状況(筆者注：四八豪雪の被害状況)と711系の経験に基づいて床下機器箱の強度増大を主体とする範囲にとどめた。このため電気機器等の基本構造は変更せず、耐雪性能は完全とはいえない。」(森下逸夫、「183系1000代直流特急型電車について」、『電気車の科学』1975年1月号、電気車研究会、28ページ)

　今日、183系1000番代は「とき」での実績から、優れた耐寒耐雪構造を備えた名車の一つに数えられている。にもかかわらず、森下氏はなぜ「完全とはいえない」と断を下したのか。それは、構造上雪に弱い機械的な接点を多数備えた、抵抗制御という速度制御方式を、183系1000番代が踏襲しているからだ。

　引用文にもあるとおり、森下氏が思い描いた理想の耐寒耐雪構造をもつ電車とは、711系交流電車であることは間違いない。711系が採用した位相制御の直流電車版である電機子チョッパ制御を183系1000番代が採用していれば、耐寒耐雪構造はより一歩完全なものに近づく。

　残念ながら、開発の時間が限られた状況では、誘導障害など電機子チョッパ制御が抱える諸問題を解決できるはずもなく、森下氏にとってははなはだ不本意な結果であったことであろう。

　冬の北海道での散々な使用実績がいまだに語り草となっている485系1500番代の開発に、森下氏はかかわった。1973(昭和48)年4月～6月に登場したこの電車についても森下氏は183系1000番代と同様の懸念を示し、抵抗制御方式の電車に対して施す耐寒耐雪構造の限界を訴えた。

　183系1000番代という直流特急型電車を理解するにあたり、耐寒耐雪構造について何を解決でき、何を解決できなかったかを知ることが重要と筆者(梅原 淳)は考える。そのことによって、国鉄形の名車という通り一遍の評価ではなく、冬季の上越線での苦闘が、いまに語り継がれることとなるからだ。

編成

　上野～新潟間の「とき」用として登場した183系1000番代は、新潟方からクハ183形1000番代－モハ183形1000番代－モハ182形1000番代－モハ183形1000番代－モハ182形1000番代－サロ183形1000番代－サロ183形1100番代－モハ183形1000番代－モハ182形1000番代－モハ183形1000番代－モハ182形1000番代台－クハ183形1000番代の12両編成を組む。181系「とき」の10両編成に対して編成両数を変えた理由は、輸送力増強を図るためである。

加えて、183系1000番代には181系では連結されていた食堂車が存在しない。人手不足が原因で、食堂車の営業が困難であると判断されたからだ。1974年当時、181系「とき」13往復の食堂車の営業を担当していたのは、日本食堂新潟営業所(6往復)、聚楽列車食堂部新潟営業所(5往復)、鉄道弘済会信越支部(2往復)の3社である。

　サロ183形が1000番代と1100番代との2つに分かれているのは、1100番代には電動発電機と電動空気圧縮機とが搭載されているためだ。搭載の理由は機器に関する項目で詳しく述べるとして、簡潔に言えば、クハ183形以外にも装備することによって冗長性を高めるためである。

　なお、電動発電機や電動空気圧縮機を作動させるには直流1500Vの電力が必要となるので、隣接するモハ183形-モハ182形からの供給を受けなければならない。モハ183形-モハ182形は2基の電動発電機、同じく空気圧縮機に電力を供給できないため、183系0番代のようにクハ183形とサロ183形とを隣り合わせに連結できないという制約が生じる。この点に関しては後に登場する189系、485系1000番代でも同様だ。

車体

　限られた時間で設計を行ったことから、183系0番代と基本的には同一の車体をもつ。485系同様にレール面から台枠上面まで

183系1000番代の主要諸元

形式		モハ183形1000番代	モハ182形1000番代
車体寸法	全長 (mm)	20500	20500
	全幅 (mm)	2949	2949
	全高 (mm)	3917	3991
空車質量 (t)		41.7	39
定員 (人)		68	68
台車	形式	DT32I形	
	固定軸距 (mm)	2100	
	車輪直径 (mm)	860	
駆動装置	方式	中空軸平行カルダン駆動装置	―
	歯数比	3.50	―
主電動機	形式	MT54D形	
	1時間定格出力	120kW	
制御方式		直並列、弱め界磁（40%）、総括制御、停止及び抑速用発電ブレーキ	
ブレーキ方式		発電ブレーキ併用電磁直通空気ブレーキ装置	
最高許容速度 (km/h)		120	
性能（2両あたりの1時間定格）	引張力（全界磁）(kg)	4860	
	速度 (km/h)	72	
集電装置			PS16J形×2
保安装置		―	
空気調和装置		AU13EN形×5、27500kcal/h	AU71A形×1、28000kca
電動発電機		―	
空気圧縮機			
製造初年		1974年	

の高さは1155mm、レール面から屋根までの屋根高さは3475 mmである一方、床面高さは1200 mm、床面から窓下部までの寸法は800 mmという183系0番代独特の寸法も1000番代に引き継がれた。

興味深いのは普通車の側面には0番代と同じく、2カ所の客用扉として引戸が設置されたという点だ。上越線では冬季にスキー客の利用が多いという事情はあるにせよ、当時の「とき」は年間を通じて乗車率が高い列車であった。したがって、客用扉のうち1カ所を座席として定員増を図り、停車時間を増やして乗降の便を図ればよかったようにも思える。

183系0番代の設計を踏襲しなければならないという制約から、客用扉を減らすという大きな設計変更を行っている余裕など存在しなかったというのが真相であろう。

車体のうち、多くの特徴が見られる車両は、例によってクハ183形1000番代だ。先頭部分は貫通路を備えた0番代とは異なり、貫通路のない非貫通形となった。寒冷地を走行するので、貫通路からの隙間風を防止して運転室の居住性を高める目的と、電動発電機と電動空気圧縮機とを雪害から守るために運転室内に雪切室を設置したからである。

クハ183形1000番代はATC機器を搭載しないので、その分のスペースに余裕が生じた。R51形腰掛1脚を設置し、定員を0番代よりも2人多い60人に増やすことも可能であったが、クハ183形1000番代では運転室の拡張に用いて居住性の向上に努めた。

クハ183形1000番代	サロ183形1000番代	サロ183形1100番代
21000	20500	20500
2949	2949	2949
3945	3917	3917
41.5	32.4	39.6
56	48	48
TR69Ⅰ形	TR69Ⅰ形	TR69Ⅰ形
2100	2100	2100
860	860	860
—	—	—
—	—	—
—	—	—
—	—	—
—	—	—
電磁直通空気ブレーキ装置、 非常用ブレーキ装置	電磁直通空気ブレーキ装置	電磁直通空気ブレーキ装置
120	120	120
—	—	—
—	—	—
TS-S形、乗務員無線装置	—	—
U13EN形×5、27500kcal/h	—	—
MH129-DM88形、210kVA	—	MH129-DM88形、210kVA
MH113B-C2000MA形、2000 P/分	—	MH113B-C2000M形、2000 P/分
1974年	1974年	1974年

8M4Tの12連、前面非貫通が特徴の183系1000番代特急「とき」。越後湯沢駅
1981年7月22日　撮影：寺本光照

この結果、運転室の奥行は0番代の2680㎜から3320㎜へ延ばされて640㎜長い。一方で定員は0番代よりも2人少ない56人となってクハ181・180形と同じである。

運転室の奥行を同じく非貫通形のクハ481形300・1500番代と合わせたと思いがちだが、さにあらず。クハ481形は2930㎜であるので、クハ183形1000番代はさらに390㎜長い。この部分だけは大急ぎで設計を行ったのであろう。

容量210kVAのMH129-DM88形電動発電機は0番代と同じく床下の装備だ。ただし、冷却風を運転室下部の雪切室から取り込むこととした結果、運転室寄りとなる前位の台車のすぐ後位寄りに取り付けられている。

1分あたりの能力2000ℓのMH113B-C2000MA形電動空気圧縮機の搭載場所は、0番代の床下から運転室下部の室内へと変更された。やはり雪害を防ぐためであり、冷却風も電動発電機と同様に運転室内の雪切室から吸い込んだものを用いる。

クハ183形1000番代とともに特徴の多い車体をもつ車両は、モハ182形1000番代だ。この車両にはPS16J形パンタグラフが2基搭載され、ここから取り込まれ、主回路となる直流1500Vの電力は、モハ183形1000番代の主制御器へと向かう。

181系ではモロ・モハ181形、そして183系0番代ではモハ183形に搭載されていたパンタグラフがモハ182形に移された理由は、床下に余裕を設けるためだ。いま挙げた車両はM車と呼ばれるだけに、いずれも主制御器や主抵抗器を搭載しており、もともと床下に余裕が少ない。普段から点検しづらいうえ、降雪時には機器に雪が付着して周囲ともども膨れ上がるので、いっそう困難となってしまう。

183系1000番代ではモハ183形からパンタグラフを取り除いたほか、床下の断路器や断流器をモハ182形に移し、降雪時にも点検しやすい構造とした。なお、パンタグラフが移設されたので冷房装置も変更となり、モハ182形1000番代は集中形のAU71A形1基、モハ183形1000番代は分散形のAU13EN形5基と、0番代とで入れ替わっている。

車内・運転室

クハ183形1000番代の運転台は非貫通形となったため、0番代と比べると面積が広げられた。計器は0番代では4基(左から元空気管・釣合管圧力計、車内信号付き速度計、直通管・ブレーキシリンダ圧力計、ブレーキ管・制御室だめ圧力計)であったところ、1000番代ではブレーキ管・制御室だめ圧力計の右にさらに高圧電圧計と低圧電圧計とが追加となっている。加えて、ATCを搭載しないため、速度計は車内信号が現示されない通常のものに戻された。運転台の変更の過程は485系のクハ481形と同じであり、計器の数は貫通形の200番代では4基、非貫通形の300番代では6基だ。

ところで、高圧電圧と低圧電圧計自体は0番代の運転室にもちろん用意されている。運

転士席後方の貫通路上に置かれており、運転士が視認するには首を右にほぼ直角に曲げなくてはならない。クハ481形200番代のうち、201〜220も同じ仕様を備えていたが、見づらいとの苦情が寄せられたのか、221〜263では助士席前方の天井に位置が変わり、運転士は右に30度ほど視線を動かすだけで視認できるようになった。

183系1000番代は「車両故障が起こり得る」という前提で設計されている。このため、車両故障が起きたときになるべく乗務員が手を掛けずに操作できるように配慮された。車両故障のなかでも頻度の高いのは電動車ユニットや電動発電機の不調であり、どちらも運転室からスイッチを取り扱うことで電動車ユニットや電動発電機の開放、そして電源誘導と呼ばれる電動発電機の給電範囲の変更が容易に行える。

ブレーキ弁はATCを使用しないことから、ハンドルの取り外し位置は485系などの新性能電車と同じだ。0番代で詳しく述べたが、復習のためにもう一度記すと、1000番代では全ブレーキ（常用最大ブレーキ）位置と自動重なり位置との間にある。

保安装置はATS-S形、そして列車無線装置として乗務員無線装置を備え付けた。0番代に搭載されたEB装置と緊急防護装置（TE装置）とは装着されず、取り付け準備工事のみが施されている。

車内・客室

客室は普通車、グリーン車とも0番代とほぼ変わりはない。なお、国鉄によると、1000番代では地上の設備の関係で、汚物処理装置が暫定工事となったという。つまりは垂れ流しということであり、便所を使用後にペダルを踏むと、汚物は洗浄液とともに車外に排出される。汚物処理装置が暫定工事である点、そして上野〜新潟間の運転時間が4時間程度

と長い点とを考慮し、便洗面所で用いる水タンクの容量が1000ℓとなった。0番代の700ℓと比べて300ℓ分多い。

主回路

モハ182形1000番代に2基搭載されたPS16J形パンタグラフは雪害防止のため、主ばねを防雪カバーで覆う構造となった。加えて、パンタグラフが上昇する力を緩めて架空電車線を守る絞り弁を、屋根上から車内に移して凍結を防いだ。

主制御器はCS15F形と、0番代と比べて前のモデルに戻っている。1000番代は総武本線東京〜錦糸町間には入線しないので、電動車ユニット1ユニットが故障しても34‰区間で起動させる力行限流値を増やす必要がないためだ。

CS15F形は8基のMT54D形直流主電動機の制御を行う。力行制御方式は抵抗制御に界磁制御で力行制御段数は24段。発電ブレーキ制御段数は24段、抑速ブレーキ制御段数は10段で0番代や181系と同じである。主幹制御器ハンドルのノッチ数は力行、抑速ブレーキとも5ノッチずつとこちらも0番代や181系と変わりはない。

台車

電動車はDT32Ⅰ形台車を、制御車と付随車とはTR69Ⅰ形台車を履く。どちらも耐寒耐雪構造が強化されている点が特徴だ。

四八豪雪では、181系の動力台車の台車枠に取り付けられた中空軸平行カルダン駆動装置の歯車箱に融雪水が浸入して、ギヤオイルが乳化するトラブルが多発した。対策としてはギヤオイルを交換するほかなく、交換が間に合わないと潤滑不良となって、最悪の場合発熱事故を招いてしまう。DT32Ⅰ形台車では歯車箱に融雪水が浸水しづらい構造とし

たほか、歯車箱内を加圧して雪の付着を防いだ。

181系や0番代と同じく、DT32I形台車の基礎ブレーキ装置は、車輪の踏面に発生する摩擦力によって制動を行う踏面ブレーキ装置である。踏面ブレーキ装置の場合、氷雪が車輪と制輪子との間に付着することを防ぐ目的で、ブレーキ力を発生させない程度に制輪子を軽く押し当てる耐雪ブレーキ装置を、積雪時に多用すると踏面が凹形に摩耗し、乗り心地の低下をはじめ、割損と呼ばれる車輪の損傷を引き起こす。41ページで述べたように、四八豪雪では動労高崎地本が181系の減速闘争を行ったほどの事態に発展した。

DT32I形台車には新たに開発された耐雪形の合成制輪子を装着。さらには滑走によるタイヤフラットも耐雪ブレーキ装置による凹形の摩耗を悪化させてしまうとして、踏面清掃装置に加え、車両の積載質量の大小に応じてブレーキ力を自動的に増減させる応荷重装置が搭載された。

付随台車のTR69I形台車は、車軸1軸につき2枚装着したブレーキディスクを、キャリパがブレーキライニングを押し付けて摩擦力を発生させる、ディスクブレーキ装置を採用している。耐雪ブレーキ装置を多用しても踏面の凹形の摩耗は発生しないものの、滑走によるタイヤフラットを防止するため、DT32I形台車と同様に踏面清掃装置と応荷重装置とを搭載した。

加えて、ブレーキシリンダの凍結によって作動や緩解ができなくなるトラブルが冬季に多発していたため、TR69I形台車ではブレーキシリンダを鋼鉄製からゴム製へと改めている。

なお、クハ183形1000番代前位の装着分のTR69I形については床下機器を保護するために雪かき器を取り付けた。雪かき器は車体側の排障器下部にもあり、台車ともども181系と同じである。

ブレーキ装置

181系や0番代では制御弁類は床下の各所に分散して装着されており、保守に手間を要するだけでなく、床下の空間を圧迫していた。1000番代では制御弁類を集約したうえで1つの箱に収めて床下の空間を生み出し、制御弁類が凍結しないよう、箱はヒータ付きとなっている。

電動発電機

181系の電動発電機はクハ181形のボンネット内に収められていたこともあり、四八豪雪ではあまり不具合は発生していない。しかし、同時期に485系のクロ481形100番代、クハ481形100・200番代、583系のクハネ583形では、床下に搭載した容量210kVAのMH129A-DM88A形電動発電機内や電圧調整装置内へ融雪水が浸入して、故障が多発した。

また、電動送風機の端子台シール付近からの浸水によって地気、つまり短絡が発生したために強制的にアースとなるケースも多数起きている。同種の電動発電機を床下に搭載する183系1000番代では万全の対策を施さなくてはならない。

前述のとおり、クハ183形1000番代の搭載分については冷却風の取り入れ方法を変更した。加えて、サロ183形1100番代の搭載分を含め、高調波を低減させるリアクトルの絶縁強化や自動電圧調整装置自体で完全に冷却する方式とした。各所の点検蓋や掛け金具は強化され、車輪が巻き上げた雪の塊やバラストの衝撃に耐えうるように改良されている。

電動発電機の通常の給電区分は次のとおり。新潟方のクハ183形1000番代搭載のものはサロ183形1000番代までの6両分を、サロ183形1100番代搭載のものは自車のみ

を、上野方のクハ183形1000番代のものはサロ183形1100番代の1両上野方のモハ183形1000番代までの5両をそれぞれ受けもつ。

3基のうち1基が故障しても冷房装置を止めるといった負荷半減の措置を取る必要もなく電源誘導を行え、負荷半減の措置は2基以上故障した場合に行う。

ところで、四八豪雪時に限らず、1973（昭和48）年度には電車が搭載した電動発電機がフラッシュオーバー（JISでは「フラッシオーバ」）を起こした車両故障が30件発生し、これらの大多数は容量210kVAの電動発電機によるものであった。

フラッシュオーバーとは、JISE4001の番号32193で「回転機の整流子面における, ブラシとブラシ保持器との間, 又はこれらの部品と枠との間の火花による短絡。」と定義されている。

183系1000番代を設計する段階で容量210kVAの電動発電機が引き起こすフラッシュオーバーはまだ解明されてはいなかった。こうした要因もあり、国鉄は1編成に3基の電動発電機を搭載することとしたのだ。

電動空気圧縮機

クハ183形に装備のMH133B-C2000MA形は、すでに説明したように運転室内に設置されて雪の浸入を防いでいる。一方、サロ183形1100番代の場合、車内に余裕がないため、能力毎分2000ℓのMH113B-C2000M形空気圧縮機を床下に搭載せざるを得ない。このため、装置全体を雪切箱内に収め、雪が浸入しないような対策を施している。

戸閉め装置

電動発電機のフラッシュオーバーと同様、戸閉め装置にまつわる車両故障は1973年度を通じて多く、19件を数えていた。1000番代の戸閉め装置は、戸閉め切換スイッチの故障や破損を抑える目的で無電流切換回路を新設。さらに、戸閉め連動回路の追加、戸閉め電磁弁へのヒューズの追加といった措置が施され、回路の冗長化が図られている。

営業

183系1000番代の第一陣は、モハ183・182形1000番代が1001～1012の12両ずつ24両、クハ183形1000番代が1001～1008の8両、サロ183形1000番代が1001～1003の3両、同1100番代が1101～1103の3両の、合わせて38両だ。12両編成3編成にクハ183形1000番代2両が予備という構成である。

これらは1974年12月1日から12月24日にかけての製造で、12月28日から営業を開始という具合に非常に慌ただしいスケジュールで投入された。こうした事情を踏まえ、183系1000番代を送り出した森下氏は次のように心境を語っている。

「……昭和49年度年末年始輸送時期に新車投入となるため、ならし運転を終らぬうちに多客輸送と大雪におそわれ過酷な使用状態が続くことと思う。初期故障・取扱いの不慣れによる輸送障害がないよう祈って止まない。」
（前掲書、31ページ）

（文：梅原 淳）

クハ183系1000番代は前位2位側の側面にある冷却風取り入れ口が特徴。1981年7月22日
撮影：寺本光照

国鉄直流特急型電車前史 4
輸送上のネックだった碓氷峠

1966（昭和41）年、上野～長野間に181系100番代の特急「あさま」が登場。無動で走行する横川～軽井沢間ではEF63形電気機関車の牽引定数によって8両に制限され、輸送上のネックとなっていた。

「こだま形」車両が横軽を越えて信濃路に

1966（昭和41）年10月1日、信越本線に特急「あさま」がデビューした（1日2往復）。車両は、横川～軽井沢間のEF63による推進運転・牽引運転ができるよう、先頭車の連結器まわりをチューンナップした181系100番代などが充てられた。

1963（昭和38）年、横川～軽井沢間はアプト式電気機関車から、EF63形の重連を補機につける方式に変更されたが、安全上の問題から一度の運転で通行できるのは、気動車7両、電車8両（旅客車の場合）と制限された。

そのため181系の「あさま」は、普通車6両、グリーン車2両の8両編成という、コンパクトな編成で運転された。避暑地として国際的にも有名であった軽井沢を通ることから、ビュッフェ車や食堂車の連結も検討されたが、8両のうち、グリーン車2両、食堂車1両、普通車5両にすると、輸送効率が悪い。

また、グリーン車を2両連結する特急が主流のこの時代、軽井沢を通る特急のグリーン車を1両にするわけにはいかない。これらの理由から、ビュフェ車や食堂車の連結は見送られた。

「あさま」のデビュー時、都内から高崎線、信越本線を経由して長野へ向かう特急は、キハ80系を使用した「はくたか」のみ。信越本線に増発された特急は、ディーゼル特急よりも早かったため人気列車となり、1968（昭和43）年10月のダイヤ改正では1往復増発され、1日3往復となった。また、上野～中軽井沢間の季節特急「そよかぜ」の運転も始まった。

急行12両、特急8両へ輸送量が大幅にアップ

1968（昭和43）年10月1日のダイヤ改正で、同時に大きな出来事が起こる。同じ区間を走る急行電車が、169系に置き換わったのだ。EF63形との協調運転装置を備えた169系は、碓氷峠の区間を最大12両で運行することが可能となった。結果、8両の特急より4両長くなり、余裕ができた急行には、ビュフェ車が連結された。

翌1969（昭和44）年10月1日のダイヤ改正で北陸本線が電化されると、上野～長野～金沢間を結んでいた特急「はくたか」が電車化される。この時国鉄は、東京と北陸を結ぶ電車特急が8両では、輸送力に問題があると判断。「はくたか」のルートを長岡経由とし、485系11両での運転を始めた。

169系の成功を受けて、国鉄は協調運転装置を取り付け、横川～軽井沢間を12両で運転できる特急型車両の製造に乗り出す。そして、485系をベースに製造された碓氷峠対策車である489系が完成。1972（昭和47）年3月15日のダイヤ改正より、上野～長野～金沢間で運行されていた急行「白山」を特急に格上げする。4両分の余裕ができた特急には、食堂車が連結された。

489系を開発したことによって上野～金沢

間の輸送力を増強させたこと、そして、山陽新幹線新大阪〜岡山間の開業に伴い、九州へ乗り入れることのできない181系が山陽地区で余剰となったこともあり、「あさま」は依然として、181系8両編成のままだった。ただ特急「白山」が登場した改正では、山陽地区から181系が転入したため、5往復に増発。うち1往復の運転区間が、直江津まで延長された。

これまでの8両の「あさま」3往復体制から、8両「あさま」5往復、12両「白山」2往復の体制となり、上野〜長野間の特急の輸送力は倍以上になった。

181系から189系へ 運命を変えた豪雪

ここまでの、上野〜長野間の特急の輸送力を比較するとこのようになる。
・1961(昭和36)年：キハ82系6両1往復
・1966(昭和41)年：キハ82系7両1往復
　　　　　　　：181系8両2往復
・1968(昭和43)年：キハ82系7両1往復
　　　　　　　：181系8両3往復
・1969(昭和44)年：181系8両3往復
・1972(昭和47)年：181系8両5往復
　　　　　　　：489系12両2往復

1列車あたりの輸送力がネックの181系だが、山陽新幹線が博多まで開業すると、西日本地区でさらに181系の余剰車が出ることや、489系の「あさま」への間合い運用も可能なことから、しばらくは181系を運用すると思われた。

ところが1973(昭和48)年から翌年にかけての、新潟県を中心とする四八豪雪で、181系は故障車が相次いだ。上越線の特急「とき」のように、毎日運休列車が出るほどではなかったが、「あさま」も電気機器の故障が相次いだ。

そこで国鉄は、上越線の「とき」、信越本線の「あさま」、中央本線の「あずさ」で使用されている181系を順次置き換えることを決断。房総特急として使用している183系をベースに、耐寒耐雪対策を施した183系1000番代が「とき」に投入されると、続いて「あさま」用の新型車の製造が始まった。

この際、問題となっていた輸送力を改善しようということになり、「あさま」用の新型車には耐寒耐雪対策や、横川〜軽井沢間でEF63形をつなげるための連結機器の改良だけでなく、169系や489系に取り付けられたEF63との協調運転装置も取り付けることになった。

「とき」の場合と違い、車両を置き換えることで輸送力がアップすることから、「あさま」の新型車への置き換えは一気に進み、信越本線の主役は183系をベースに協調運転を可能とした189系に変わった。　（文：渡辺雅史）

EF63形＋EF63形＋189系の特急「あさま」。下には「めがね橋」と呼ばれる旧線時代の鉄道遺産が見える。「碓井第三橋梁」と言い、国の重要文化財にも指定されている。信越本線横川〜軽井沢　1991年11月　撮影：持田昭俊

189系 車両ガイド

国鉄の路線で最も急な勾配区間が、横川〜軽井沢間だ。この難所を越えるため、明治時代よりさまざまな工夫がなされてきた。そして1975（昭和50）年、EF63形電気機関車と協調運転が可能な189系が誕生する。

長年輸送上のネックとなっていた碓氷峠

信越本線の横川〜軽井沢間には66.7‰(パーミル)の急勾配がある。1893（明治26）年に開業して以来、この区間を走る列車はアプト式の機関車を補機として連結し、急勾配を登っていた。連結・解放の作業に加え、ラックレールに歯を噛ませて進むことから時間がかかり、蒸気機関車時代は連結・解放作業を合わせると、この区間だけで90分以上の時間が必要だった。

そのため、この区間に火力発電所を設置したうえで、峠越えの区間だけを1912（明治45）年に電化し、連結・解放作業を含めた所要時間は50分ほどに解消された。

とはいえ、旅客・貨物の輸送の上での大きなネックとなっていた状況は変わらなかったため、ラックレールを使わない機関車を補機につけて上り下りすることが計画された。そして1961（昭和36）年、横川〜軽井沢間で新線敷設の工事が行われ、1963（昭和38）年に工事が完了、同区間でEF63形電気機関車2両を補機に連結した運転が始まった。

さらに、1966（昭和41）年にはアプト式の線路だった区間を改修し、複線化。連結・解放作業を合わせ、横川→軽井沢間がおよそ30分、軽井沢→横川間がおよそ20分と時間が短縮。輸送力が大きく上昇した。

以降、この区間を走る電車・気動車は、通過中に動力源を切り、客車列車と同じような状態でEF63形に推進・牽引されていた。長大な編成にすると、勾配の上り下りで各車両の連結器にタテ方向の負荷がかかりすぎ、破損してしまう危険性があることから、通過できるのは電車が8両、気動車は7両が限界と定めた。

しかし、上野から長野方面への旅客数が

直江津発上野行特急「あさま」。横川駅でEF63が切り離される。1978年3月28日　撮影：寺本光照

■ 最後の国鉄直流特急型電車

増えると、電車8両しか通過できない碓氷峠は、再び輸送上の大きなネックとなった。そこで、他の幹線並みに輸送力を引き上げるため、この区間を無動力としていた電車の動力化を計画した。そして完成したのが、急行形車両169系である。

EF63からの総括制御指令が届く装置を搭載したことで、電気機関車2両と電車の、3つの力を合わせて勾配を上り下りできるようになったため、連結器へかかる負荷を軽くすることに成功、169系は12両で碓氷峠を通過できるようになった。

続いて、上野から長野経由で金沢までを結ぶ特急を3年ぶりに復活させるため、協調運転装置を取り付けた489系電車（12両編成）が製造された。所要時間はおよそ6時間30分あるため食堂車が必須で、グリーン車2両を連結するとなると8両では厳しく、12両での運転は必須のことだった。

こうして12両化が進む信越本線の優等列車だったが、「あさま」だけは、各地で余る181系との兼ね合いから新型化が進まなかった。

EF63形との協調運転のため、KE70形ジャンパ連結器でつながれている特急「あさま」。信越本線　軽井沢〜横川　1985年3月　撮影：持田昭俊

老朽化と雪害によりダメージの進む181系

1973（昭和48）年度冬季の豪雪は、181系に大きなダメージを与えた。ベースが東海道本線の「こだま」用の車両として開発されたものであったことや、改良して耐寒耐雪仕様にしていたものの、長大な走行距離により老朽化が予想以上に早かったこと、そして想像以上の積雪だったことが重なり、新潟県や長野県を走る181系の特急が、多数運休した。

そこで183系1000番代を1975（昭和50）年より投入することになった。87両が発注・製作され、これによって「とき」の半分が新車に置き換えられる。

「とき」同様、信越本線の特急「あさま」も、老朽化が目立つため、置き換え用の新車が投入されることになった。

この新車は、協調運転用の装置を付けるため、189系という新系列の車両とした。碓氷峠区間の協調運転車の最大編成数は12両であること、25‰の勾配区間を1編成単独でも走ることができること、といった基準があるため、12両編成の189系は、電動車8両・付随車4両の8M4Tとしなければならなかったが、地上設備の関係で、当面は電動車6両・付随車4両の6M4Tとし、地上設備が整い次第、電動車を2両追加して12両化できるように設計された。

横軽対策が施された特殊な車両、かつ、直流区間のみを走る特急という特殊な性質上、配備はすべて長野運転所（現・ＪＲ東日本長野総合車両センター）とした。そして181系を置き換えることと、169系で運転される急行を特急に格上げすることを目的に製造された。

ちなみに1975（昭和50）年の夏の時点での発注数は72両だった。

耐寒性の高い183系1000番代をベースに

189系の設計にあたりまず検討したのが、現在活躍する新型の直流特急型電車のどれを

ベースにするか、ということだ。この当時の直流特急型電車としては、房総特急用の183系地下乗り入れ車、中央本線・篠ノ井線(名古屋〜長野)の381系振子式電車、183系の耐雪耐寒対策車183系1000番代の3種類があった。

議論の結果、振子装置をもつ381系は、横川〜軽井沢間の通過に問題があることから外され、耐雪耐寒対策の甘かった181系が四八豪雪で多数運休したことから、耐雪耐寒対策がしっかりした183系1000番代を、ベースとすることが決定した。

183系1000番代は、上越新幹線が開業すると上越線の「とき」の運用から外れ、中央本線の「あずさ」や信越本線の「あさま」として運用されることが想定されていた。そのため、協調運転用の機器が取り付けられるスペースも確保されていたので、189系は183系1000番代の機器配置を多少変更するだけ、という設計にとどめた。

その他の点で大きなところは、直通予備ブレーキを取り付けたことである。また、非常時の客室換気のために、一部の側窓を開閉可能なものとした。さらに183系1000番代で見えてきた問題点に関しても改良を加えた。

編成

元となった車両との、大きな相違点は編成だ。183系1000番代は12両編成であるが、189系は暫定的に10両編成でのデビューとなった。

189系の主要諸元

形式		モハ189形	モハ188形
車体寸法	全長(mm)	20500	
	全幅(mm)	2949	
	全高(mm)	3475	3960
空車質量(t)		42.2	39
定員(人)		68	
台車	形式	DT32I形	
	固定軸距(mm)	2100	
	車輪直径(mm)	860	
駆動装置	方式	中空軸平行カルダン駆動装置	
	歯数比	3.5	
主電動機	形式	MT54D形	―
	1時間定格出力	120kW	―
制御方式		直並列、弱め界磁(40%)、総括制御、停止及び抑速用発電ブレーキ	―
ブレーキ方式		発電ブレーキ併用電磁直通空気ブレーキ装置、直通予備ブレーキ	
最高許容速度(km/h)		120	
性能(2両当たりの1時間定格)	引張力(全界磁)(kg)	4860	
	速度(km/h)	72	
集電装置			PS16J形×2
保安装置			
空気調和装置		AU13EN形×5、27500kcal/h	AU71A形×28000kcal/
電動発電機			
空気圧縮機			
製造初年		1975年	

181系は上野寄りの車両から順に、Tc M M' M M' Ts Ts TcまたはTc M M' T T Ms Ms Tcという並びだった。

これに対し、189系は上野寄りから順に、Tc M M' Ts T's M M' Tcとなった。グリーン車の位置を中央に寄せたのは、上野寄りから数えて5両目のグリーン車に出力210kVAの予備の電動発電機を搭載したためである。

また、横川〜軽井沢の区間を走る際、勾配の下側に自重の軽い車両を、上側に重い車両をつなげると、EF63形と電車を連結する部分に負荷がかかり、連結器の老朽化が早まったり、破損の非常ブレーキをかけた際、破損する危険性があったりする。このことから、T車、パンタグラフのあるM車、ないM車、運転台のある車両などを整理して編成した

が、189系は運転台のあるT車がM車並みの重量となったため、489系同様、スタンダードな車両の向き・編成とした。

車種

189系の車種は6つあり、それぞれの諸元は下表の通りである。

付随車である2両のグリーン車には、空気圧縮機を増設した。横軽区間の運行では、連結器への負担を軽減するため、サスペンションとなる空気ばね台車の空気を抜いて走らなければならない。そのため、横川駅と軽井沢駅では、空気ばね装置に圧力空気を送ったり抜いたりする作業が必要となる。圧力空気を抜く作業はすぐに終わるが、入れる作業は

クハ189形0番代	クハ189形500番代	サロ189形0番代	サロ189形100番代
21000		20500	
2949			
3945		3917	
42.6	42.7	33.7	39.8
56		48	
TR69I形			
2100			
860			
—	—	—	—
—	—	—	—
—	—	—	—
電磁直通空気ブレーキ装置、直通予備ブレーキ装置		電磁直通空気ブレーキ装置、直通予備ブレーキ装置	
120			
—	—	—	—
—	—	—	—
TS-S形、乗務員無線装置			
	—	—	—
MH129-DM88形×1、210kVA	—	—	MH129-DM88形×1、210kVA
	—	—	—
1975年			

少々時間が必要である。そこで空気供給の時間を少しでも短縮するために、自重の軽いグリーン車にも空気圧縮機を取り付けた。

車体・台車

制御車の前面の形状や、中間車の車体形状は183系1000番代とほぼ同じである。だが、各車の窓の一部を、開閉可能なものとした。これは、停電もしくは冷房故障時の対策としてである。

183系1000番代は、四八豪雪で破損したパンタグラフや、雪で目詰まりを起こしてオーバーヒートした電気機器など、181系は雪によってどのような故障を起こしたのかを検証して製作された。

その結果、機器の故障は減ったが、機器を冷却するための外気を、運転室の下から取り込む構造に変更したため、運転士から「すきま風で寒い」という苦情が出た。そのため、外気の取り入れ口を改良、夏用の取り入れ口（外気が暑いため、大量の空気を取り入れることを考慮したもの）と、冬用の取り入れ口（雪で取り入れ口が塞がれないことを考慮。冬季は外気が冷たいため、夏ほど空気を取り入れる必要がない）を設置した。この2つの取り入れ口は、スイッチ一つで切り替える構造にした。そして、すきま風が入らないよう、車体各部を密閉化。運転室に温風暖房機も取り付けた。

また、1974（昭和49）年の冬には、東北や北陸地区の485系で、配電盤に雪が付着しショートする事故が相次いだため、配電盤の構造を改良、雪が入り込むスペースを完全に塞いだ。

台車については、183系から183系1000番代に改良された時より、雪に対する対策を強化。軸箱に水が入り込むのを防止する対策もとられた。

電気装置・ブレーキ装置など

耐寒耐雪構造、ユニットを短くした際の電源誘導の処置が運転室から行える構造などは、183系1000番代とほぼ同じである。

だが、1000番代の「とき」の運転の際に起こった不具合点や、EF63形との協調運転のために、いくつかの点を改良した。

....

①ジャンパ連結器の取り付け

各車両に19心引き通しジャンパ連結器（KE76形）を取り付けた。

②上野方のクハ189形には55芯のジャンパ連結器を取り付け

EF63形との協調運転のため、車両下部の左右両側に、55心のジャンパ連結器（KE70形）を取り付けた。連結器は2位側が機関車との協調用、1位側が一般制御用のものである。

③グリーン車に電動空気圧縮機を設置

前述した通り、一度抜いた空気ばねに早急に空気を入れ、横川駅や軽井沢駅での停車時間の短縮を図るために取り付けた。一般的な特急型車両の制御車には備えられているが、すべての付随車にも取り付けたのは189系が初めてである。

④EF63形から制御できるようにする

EF63形電気機関車と協調運転ができるよう、機関車からの停止の指令が出た場合、189系の運転台で力行の操作をしていても、停止できる構造とした。

⑤電気機関車の合図が目で分かるシステムにする

通信系の連動回路を変更し、電気機関車と同じ事故表示灯が点灯するように改良。音声を使ったやり取りだけではなく、目で見て分かる表示も統一して、協調運転をやりやすいようにした。

⑥誘導分流抵抗器の変更

189系の運転台。EF63形との連絡用の電話機を装備している(『鉄道工場』1976年3月号より転載)

　電気機関車2両と、189系電車とは同じタイミングで加速減速を行わないと、動作が不安定となる。そこで、電気機関車とノッチを合わせ同じ力で坂を登れるよう、機器を変更した。

⑦界磁分流率変更用界磁接触器の取り付け

　⑥でふれた、同じ力で坂を上るための装置。電気をどれだけ与えたら、電車の動力源であるモーターの電磁石が回転し、どれだけの動力が車両に与えられるか、ということを調整するのに必要なもの。

⑧抑圧装置の取り付け

　下り勾配での運転中、発電ブレーキが不能になったり、絞り付き吐出弁(客車列車の車掌室に備えられた「車掌弁」に似た機能の非常ブレーキ。⑨を参照)が不能になったりした場合、大きな事故になりかねないので、第三の非常ブレーキとなる抑圧装置を取り付けた。

⑨運転台に「車掌弁」を付ける

　横川→軽井沢の上り勾配を運行中、前方で万が一のことが起こった場合、電気機関車が最後部から電車を推しているため、前方にいる特急の運転士がブレーキをかけても、列車は止まらない。そこで早急に電気機関車の運転士に合図を送り、ブレーキを作動させるよう、長野・直江津方面の列車の先頭車の運転台の側面に、B3A吐出弁を取り付けた。

⑩直通予備ブレーキの設置

　横軽対策で細かい点を多数改良したため、理論上はないと思われるが、不測の事態が起こって無制動状態が起こってしまう可能性がある。そこで、万が一の時の保険となる直通予備ブレーキ装置を取り付け、安全性を高めた。

⑪耐雪ブレーキの調整

　冬季に耐雪ブレーキを使用しすぎて、摩耗するのを防止するため、耐雪ブレーキ用抑圧弁の調整値を変更した。簡単に言うと、ブレーキの効き具合を調整した。また、路面清掃装置(雪かき装置)と、耐雪

ブレーキとを同時に動かすのは効率が悪く、かつ、双方の部品が摩耗して、部品の寿命が短くなることから、路面清掃装置の指令線を変更し、耐雪ブレーキが作動している時は路面清掃装置が動作しないようにした。

⑫ 空気管に銘板を設置

床下、機器室、室内に取り付けられた空気管の締め切りコックの部分に、用途が分かりやすいよう、「これはどこの空気管」なのかを明示した銘板を取り付けた。

協調運転実験

新型車の新性能の紹介というより、横軽区間はいかに対策が必要か、ということを紹介してしまった今回のレポート。せっかくなので、ここからは189系の12両化の前に横軽区間で行われた、189系8M4T編成と、EF63形機関車の協調運転の結果を紹介しよう。

横川～軽井沢間は非常にデリケートな区間である。特に軽井沢→横川の下り勾配は、運転や保安の面からブレーキの性能が重視される区間である。

そこで189系の12両(8M4T)化と、6M6Tの489系を8M4Tにするのに合わせ、1979(昭和54)年、EF63形機関車と、8M4Tの12両編成の189系を使用して、ブレーキ性能を中心に、各機能の性能試験および安全性の確認を行った。

実験は、定員の150%相当のおもりを乗せて、12両編成551tとなった189系の上野寄りに、EF63形を2両(108t×2両で216t)連結。総重量767tという環境で始められた。

加速面では、協調運転装置が正常に作動した。電気機関車がコントローラーを5ノッチにすると同時に運転装置が起動し、189系も力行、協調制御回路の動作も順調に起動、加速することが確認された。

停止ブレーキの性能は、上り勾配で非常ブ

レーキをかけた場合、ブレーキをかける前のスピードが40.5km/hで完全停止までの距離が58m、下り勾配の場合は、非常ブレーキをかける直前の速度が37.5km/hの時、完全停止までの距離が143mであった。常用ブレーキを最大でかけた場合の結果は、上り勾配で直前のスピードが34km/hの時は80m、下り勾配で直前のスピードが33.4km/hの時で214mであった。

以前、189系を投入する前に同区間で行われた実験の時より、停止までの距離が若干延長する結果となったが、当時の数字は10両(6M4T)編成の189系におもりをまったく乗せずに行って記録されたもの。そのことを考慮すると、この数字は10両で行った時の結果

EF63形重連に押されて軽井沢へ登る特急「あさま」。信越本線　横川〜軽井沢
1991年11月　撮影：持田昭俊

より良好なものと思われる。

　一方、軽井沢→横川で行われた、下り勾配の抑速ブレーキ性能の実験結果は、電気機関車がB4ノッチで運転した場合、このような結果となった。

　189系の電動車2両(1ユニット)の動力を停止した場合、電車1軸あたりの摩擦ブレーキ吸収力→49〜57(36〜42kW)。

　189系の電動車4両(2ユニット)の動力を停止した場合、電車1軸あたりの摩擦ブレーキ吸収力→32馬力(24kW)。

　189系の電動車6両(3ユニット)の動力を停止した場合、電車1軸あたりの摩擦ブレーキ吸収力→29馬力(21kW)。

　189系の全電動車(8両、4ユニット)の動力を停止した場合、電車1軸あたりの摩擦ブレーキ吸収力→35馬力(26kW)。

　安全に下って行くためのブレーキの吸収力の目安を50馬力(37kW)とした場合、電気機関車をB4ノッチにするなら、全ユニットを動かし、1ユニットでも動力を停止する場合は、B5ノッチで下るのが安全である。

　ブレーキディスクの1〜3ユニットの動力をカットした場合は、試験時間が短かったため、温度上昇が少なかったが、全ユニット停止の場合、車輪は126℃、ブレーキパッドが97℃、ディスクの外側は127℃、ブレーキライニングは127℃で、最大の負荷がかかる状態でも、温度的には特に問題が見られなかった。

（文：渡辺雅史）

国鉄直流特急型電車前史 5
東海道本線に残った153系

80系に続き東海道本線に登場した153系。準急「東海」「比叡」と活躍を見せるが、1964（昭和39）年の新幹線開通を機に、状況が変化する。そしてついに急行「伊豆」など、限られた区間での運用となってしまう。

80系300番代の問題点を解消した153系

1957（昭和32）年10月、東京と名古屋を結ぶ準急「東海」は80系300番代電車に置き換えられた。同時に1日3往復と増発され、運転区間が東京～名古屋・大垣に延長された。

また、名古屋と大阪を結ぶ準急も80系300番代電車に置き換えられ、1日3往復となり、運転区間が名古屋～大阪・神戸に延長され、後に「比叡」という愛称が付けられた。

電車による運行のため、客車急行を凌ぐ速さだったことから、たちまち人気となった「東海」と「比叡」だが、ここで2つの問題が起こった。

一つ目は貫通扉の問題。80系は先頭車に貫通扉がないため、付属編成を増結する際には、車掌をさらに1名乗務させる必要があった。

二つ目は居住性の問題。80系は湘南電車と呼ばれる、東海道本線の東京～沼津間の普通列車として設計された車両。便所はクハ86形、サロ85形、サハ87形に、洗面所はサロ85形にしか設けられておらず、300番代は準急列車での運用を考慮された設計とはいえ、居住性は10系客車よりも劣った。

居住性の問題は、名古屋～神戸233.5キロ（現在のキロ数）を結ぶ「比叡」ならまだしも、「東海」の東京～大垣間410.0キロ（同）を結ぶ「東海」では大きな問題だった。

そこで、2つの問題を改善するために導入されたのが153系である。

東海道本線に続々投入

1958（昭和33）年11月1日、準急「東海」の153系化が始まると、翌年には準急「比叡」、そして東京～熱海・伊東・修善寺間を結ぶ80系電車「湘南準急」も153系化が始まった。

3つの準急の置き換えが完了した後も、153系は増産された。そして1960（昭和35）年6月1日のダイヤ改正で、東京～大阪間を結ぶ新設の夜行急行「せっつ」に投入される。

さらに、1961（昭和36）年3月1日には、東京～大阪間を結ぶ客車急行「なにわ」が153系化され、新設の夜行急行「金星」にも投入。7月1日には東京～姫路間を結ぶ急行「はりま」にも使用されるようになる。さらに10月1日のダイヤ改正では、「金星」の運用から外れるものの、東京～大阪を結ぶ4つの新設急行「いこま」「よど」「やましろ」「六甲」に充てられた。

また、準急「東海」が1日7往復、準急「比叡」が8往復と、東海道本線の急行・準急には153系が欠かせない存在となった。

「新快速」に使用され再び脚光を浴びるも…

1962（昭和37）年6月10日には東京～広島間の急行「宮島」に充てられるなど大活躍だったが、1964（昭和39）年10月1日に東海道新幹線が開業すると活躍に翳りが見えてくる。

開業直後のダイヤ改正では、東京と大阪以西を結んでいた急行の定期列車が1日8往復

から5往復に減便。準急「東海」も1往復削減された。

東海道新幹線の徐行運転が解除され、東京～新大阪間が「ひかり」で3時間10分となった1965（昭和40）年の改正では、東京と大阪以西を結ぶ急行の定期列車が2往復に、準急「東海」も2往復削減、準急「比叡」も4往復となった。

以降、下関運転所などに移籍したり、普通列車の車両にまわされたりして、東海道本線上の優等列車の運用から離れていくが、田町電車区には153系が残された。湘南準急の流れを汲む、東京～伊豆急下田・修善寺間の急行に運用するためである。

1964（昭和39）年より、特急型車両157系による運転も始まった、伊豆方面への急行列車。二等車の座席に格差があることから、1969（昭和44）年4月25日より、157系使用の列車を特急「あまぎ」、153系の列車を急行「伊豆」とした。

伊豆方面への優等列車は、乗車率が高い。1972（昭和47）年より、東京駅から房総地区へ短距離の特急を運行させたことから、増収策として急行「伊豆」を183系に置き換え、特急に格上げするという案もあっただろう。だが、それが叶わなかったのは、湘南地区ならではの事情がある。

ベッドタウン化が進むこの地区では、朝・夕の通勤ラッシュ時に多くの車両が必要となる。そのため、ラッシュ時には153系を普通列車として運行していた。この電車以上に居住性が良く、定員の少ない特急型車両をラッシュ時に運用すると、輸送効率が落ちる。また、各電車区に配備できる車両数には限りがある。そのため、湘南地区には多くの153系が生き残った。

関西地区の東海道本線でも、東海道新幹線開業後、153系の優等列車が少なくなった。だが、1970（昭和45）年10月1日にデビューした「新快速」の評判が良かったことと、1972（昭和47）年3月15日に山陽新幹線の新大阪～岡山間が開業して、山陽本線で使用していた車両が余ることになったことから、153系が復活。新快速が153系に置き換えられた。

だが、京阪神間の私鉄に対抗する性格上から、京都～明石間の途中停車駅が大阪・三ノ宮のみ、ほとんどの区間を110km/hで運行しなければならなかったため、車両への負担が大きく、老朽化が急激に進行した。また、阪急電鉄京都線と京阪電気鉄道の特急が転換クロスシートなのに対し、153系がボックスシートという、サービス面の見劣りもあることから、国鉄は新型車両を製造することを決断。1979（昭和54）年に117系が作られ、置き換えが始まった。

そして、東海道本線上で153系による優等列車が運行される区間は、急行「伊豆」をはじめとした、ごく一部の区間となってしまった。

（文：渡辺雅史）

富士山をバックに行く153系「伊豆1号」。東海道本線　三島～函南
1978年1月6日　撮影：持田昭俊

185系 車両ガイド

1 83系が特急として走り始める一方、旧態依然とした急行があった。東京〜伊豆急下田・修善寺間の「伊豆」である。そこには、特有の背景があった。問題を解決すべく、通勤型にして特急型である車両の開発が進められた。

湘南地区特有の事情と153系の老朽化

1972（昭和47）年、183系電車が房総特急「さざなみ」「わかしお」としてデビュー。運行区間が200キロ未満にもかかわらず、好評を博した。

これを機に、国鉄は183系を増産。新宿〜松本間の「あずさ」や、東京〜銚子間の「しおさい」、東京〜鹿島神宮間の「あやめ」、耐寒・耐雪構造を施した183系1000番代が上野〜新潟間の「とき」、上野〜万座・鹿沢口間の「白根」、東京〜伊豆急下田間の「あまぎ」と、都内を発着する183系の特急電車が急激に増えて行った。

183系による、急行から特急への格上げが首都圏発着の優等列車で行われるなか、東京〜伊豆急下田・修善寺を走る急行「伊豆」は、特急化がまったく進まなかった。なぜなら、急行型の153系を、朝夕のラッシュ時に普通列車として運用していたためだ。

首都圏近郊を走る東海道本線、東北本線、高崎線では、車両が慢性的に不足していたことから、通勤時間帯に急行型電車を投入していた。車両の両端の出入台に扉がある1両2ドアのこの電車は、通勤客の乗り降りに時間がかかるため、正確なダイヤで運行するためのボトルネックとなっていた。

仙台、新潟、長野と各方面に向かう優等列車が多数発車する上野駅では、このことが問題となっていた。そこで国鉄は115系近郊型直流電車を製造することになる。これによっ

て1975（昭和50）年からは、急行型車両を朝の通勤時に使用することはなくなった。

一方、東海道本線は、新幹線の開業で東北本線や高崎線ほど過密なダイヤでなかったことや、東京〜大船間では、横須賀線の電車も乗り入れることから、ラッシュ時に急行型車両を使っても、上野ほど深刻な影響はなかった。だが、1970年代後半に入ると、153系の老朽化という問題が発生する。

そこで、国鉄の1979（昭和54）年度第3次債務で計画・開発されたのが、185系だ。横須賀線の完全分離化工事（鶴見〜大船間に貨物線を敷設、品川〜鶴見間の品鶴貨物線の活用、東京〜品川間の地下線の建設）の完成が間近に迫っていたことから、東海道本線の普通列車は通勤時に2ドアの車両で対応するのは可能と判断した。

車両基地の所属車両数を抑えることに加え、急行「伊豆」の特急化を推進する、この両方を実現するために「通勤型」であり、かつ「特急型」の車両となった。

特急型かつ通勤型車両の設計時の考え方

当時の電車は、車内の居住性のよい順に「特急型」「急行型」「近郊型」「通勤型」の4形式に分類されていた。この両極を満たすのは難題である。開発陣は、構造と性能、信頼性、保守性などについて検討した結果、性能について3つの結論を、構造について8つの結論を、信頼性・保守性について3つの結論をそ

東京発伊豆急下田・修善寺行185系急行「伊豆1号」。153系と併結で急行に暫定使用しているときのもの。
1981年7月21日　撮影：寺本光照

れぞれ出した。
　各ジャンルの結論と、具体的な対策について1つずつ紹介する。

▶性能について
①走行性能は、関西地区で新快速電車として使用している117系を基本とする
　京阪神地区の新快速に導入されたばかりの117系は、183系と同じMT54D形主電動機を使用しているが、歯数比（117系は4.82、183系が3.50）の違いから、117系は183系ほど最高速度が出なかった。だが、引張力、つまり初動の加速力は優れていた。通勤時間帯の過密ダイヤの中を走る列車に求められるのは、素早い加減速だ。本形式は普通列車として使用することが前提のため、性能は117系のものをベースとした。

②最高速度は110km/hとする
　特急型車両の最高速度は120km/hが主流なのだが、加速を優先させるため、最高速度を10km/h分落とした。急行「伊豆」の運行区間である東海道本線東京～三島間の最高速度は110km/hで、運行区間である東京～伊豆急下田間が167.2キロ、東京～修善寺間が140.5キロであることから、時間短縮効果がほとんどないと判断された。また、通勤時のダイヤを確保するために、加減速性能に余力をもたせる必要があるため、主電動機に負担をかけすぎない性能とした。

③153系との暫定的な併結ができるようにする
　急行「伊豆」は、基本編成10両（伊豆急下田行）と、付属編成5両（修善寺行）との15両編成で運行する列車がある。153系の置き換えの際、一時的ではあるが、185系10両＋153系5両、もしくは153系10両＋185系5両という編成で運転することが不可避であることから、協調継電器盤と併結用のジャンパ線を設置した。

▶構造について
①特急電車として使用する際の居住性を考え、出入台を設け、客室と出入口とを分離する

ベースとなる117系には出入台がない。だが、急行形の153系も客室と出入口とを分離していたのに、特急に格上げして、出入台をなくし、居住性を悪くするわけにはいかない。そこで、出入口部には出入台を設けることにした。

② **通勤電車として使用する際の乗降の効率を考え、出入口は車両の両端部に設置する**

　従来の特急型は、車両の片端に出入台と出入口を設け、着席できる人数を増やすよう考慮されていたが、通勤時に使用する場合、1カ所の出入口では乗降に時間がかかってしまう。そのため、新幹線0系同様、車両の両端に出入台を設け、出入口を設置した。

③ **通勤時の乗降をスムーズにするため、出入口の扉は開口幅1000mmの片開きとする**

　183系などの特急型は開口幅が700mmだが、扉の幅を300mm拡大した。現在、通勤時間帯に運用している153系の実績から、これ以上扉の幅を狭めると、ダイヤに支障が出る可能性があると判断。153系と同じ開口幅1000mmの片開き引戸を採用した。

④ **特急電車としての乗り心地と、通勤電車としての使いやすさを考慮して、普通車は転換腰掛とする**

　進行方向にシートを向けたり、4人向かい合わせにしたりするなど多様な使い方ができ、117系に導入して好評価を得ていること、そして、簡単に座席の向きを変えられ、変え方も簡単であることから、背もたれ部分の真ん中に切れ込みの入った転換腰掛を採用した。グリーン車については、従来の特急型車両同様、回転式のリクライニング腰掛とした。

⑤ **通勤電車として使用することから、側窓を開閉できるようにする**

　窓を固定して、冷暖房による空調管理を行う、というのが現在の特急型車両の常識であったが、現場からの強い要望により、開閉できるようにした。

⑥ **通路の幅を660mmに広げ、出入台と客室を仕切る引戸も770mmに広げ、旅客の内部への誘導効果を高める**

　置き換えの対象となる153系の客室内の通路幅は540mm。これを120mm広げることで、乗客がスムーズに車内へ出入りできるよう設計した。また、引戸は一般的な車両より50mm幅を広げた。

⑦ **冷房装置は42000kcal/hと高出力のものにする**

　通勤時、満員の車内でも冷房効果を発揮させるため、183系などの特急型のもの（28000kcal/h程度）よりパワフルなものを採用した。最高速度を110km/hに抑えたのは、冷房装置を強力なものにするためという側面もあった。

⑧ **運転台は、高所に設置しない**

　運転士が乗りこんでからすぐに運転ができる構造にしないと、通勤時の運用に支障が出る。そこで、ハシゴや階段を昇って向かう特急型の運転席ではなく、台ワク上面上370mmの位置に運転台を設置した。

…………………………………………

▶信頼性・保守性について

① **主要部品は、信頼性の高い標準品を使う**

　国鉄の赤字が問題となるなか、1979（昭和54）年度第3次債務によって計画された車両なので、新型車の故障やトラブルは避けなければならない。そこで、主要部に使う部品は新たなパーツではなく、これまで電車の製造で使ってきた部品の中から信頼性の高いものを採用した。

② **省電力化を考慮する**

　電動発電機にはブラシレス電動発電機（BLMG:DM106形・190kVA）を採用し省力化を図った。

③ **車体の腐食防止対策を十分に施す**

　153系は、製造から20年ほどで腐食が進行し、老朽化が問題となった。さらなる赤

字を出して作る車両が、20年しかもたないとなると、国民の理解を得ることができない。そこで、防水対策などの腐食対策を徹底し、耐用年数の長い車両づくりを目指した。

車体

185系最大の特徴は、カラーリングだ。従来の特急型にない斬新なものとするため、白いボディにグリーンの幅を変えた3本のストライプを60度の傾きで塗装した。ストライプの幅は1600㎜、800㎜、400㎜で、これによってスピード感を演出した。

これまでにない大胆なデザインを取り入れたため、側面の車両番号を表示する位置や、戸締まり用のドアコックの位置を従来の特急型車両とは異なる位置に配置した。デザインを優先させるために、このような変更をするとは、国鉄も変わったものである。

一方の200番代は、窓下に緑色の横帯という、地味なデザインとなった。これは、1982（昭和57）年に東北・上越新幹線が大宮始発で暫定開業するため、上野〜大宮間を結ぶ新幹線への乗り継ぎ列車を運転する必要があり、200番代がこの任を受けもつことから、東北・上越新幹線のカラーリングに合わせるためである。

続いての特徴は、腐食防止の対策だ。これまでの車両の屋根は、鋼板の屋根材の上に塩化ビニル樹脂を熱で溶かし、つなぎ合わせて作った大きな屋根布を覆うというものが主流だった。だが、数年経つと、樹脂のつなぎ合わせた部分が切れて、その隙間に雨水が侵入、屋根の腐食の原因となっていた。そこで、ポリウレタン樹脂系の屋根材を取り入れた。また、ポリウレタンは滑りやすいという欠点があることから、屋根の表面に砂を接着させて、保守作業の際の安全性を考慮した。

外板と台枠との接合部の腐食もまた大きな問題となっていたため、外板の腰下下部400㎜ほどをステンレス化。車体の洗浄時に水が入らないよう、ウレタン系の素材で隙間を埋め、防水加工を施した。

グリーン車には車販準備室があり、流し台を設置したため、この部屋の床部にも水がこぼれても大丈夫なよう、防水対策を施した。

117系をモデルとしたため、車体長は先頭車が20280㎜、中間車は20000㎜とまったく同じサイズとなった。パンタグラフ折りたたみ全高も4140㎜で同じ、全幅は2946㎜と、43㎜大きくなった。

153系を置き換えた国府津発東京行185系普通列車。東海道本線　大井町〜大森
1981年7月21日　撮影：寺本光照

185系の主要諸元

形式		モハ185形	モハ184形
車体寸法	全長（mm）	20000	
	全幅（mm）	2946	
	全高（mm）	4140	
空車質量（t）		43.2（200番代は43.3）	44.1（200番代は44.2）
定員（人）		68	64
台車	形式	DT32H形	
	固定軸距（mm）	2100	
	車輪直径（mm）	860	
駆動装置	方式	中空軸平行カルダン駆動装置	
	歯数比	4.82	
主電動機	形式	MT54D形	
	1時間定格出力	120kW	
制御方式		直並列、弱め界磁（40％）、総括制御、停止及び抑速用発電ブレー	
ブレーキ方式		発電ブレーキ併用電磁直通空気ブレーキ装置、直通予備ブレーキ装置	
最大運転速度（km/h）		110	
性能（2両あたりの1時間定格）	引張力（全界磁）（kg）	5690	
	速度（km/h）	52.5	
集電装置		PS16A形×1	―
保安装置			
空気調和装置		AU75C形×1、42000kcal/h	―
電動発電機		DM106形×1、190kVA	―
空気圧縮機		―	MH113B-C2000形
製造初年		1981年	

車内・客室

　急行から特急への格上げ、そして対抗輸送機関との競争力をつけることの2点から、車両のアコモデーションの改善は、重要な要素となる。伊豆方面の列車の利用客の大半が、レジャーを目的に利用することから、グリーン車の室内は、豪華でリラックスできるアコモデーションとなるよう製作された。

　アルミ材の表面に化学処理を加え、金色に着色したものを内帯や各窓、広告枠などに採用、ゴージャスなイメージを演出した。また、車内と出入台とを仕切る化粧板は、革シボ模様（表面にちりめん状に細かく寄った、革のような不規則なシワ模様）のものを採用した。

　普通車の車内と出入台とを仕切る化粧板にもリラックスした雰囲気を出すため、コルクモザイク模様のものを使用、側面の化粧板は布目模様のものを使った。

　特急型車両は窓が開けられない固定窓が一般的だが、通勤車として使用することも考慮して1枚上昇窓とした。窓の下部の両端には、25㎜、200㎜、400㎜と3カ所の高さで固定できる、普通車で使用されるものと同じツマミが付けられた。ただし、上部に行き先表示器のある窓については、25㎜、150㎜と固定箇所は2カ所となる。

　カーテンは、これまで製造した特急型が横引き式のものを採用していることから、本形式も横引き式のものにした。ただ、窓を開けた時、カーテンが車外へあおられることも考えられるため、通勤型の窓にも使われる、巻

	クハ185形	サロ185形	サハ185形
	20280	20000	
		2946	
		4140	
	36.2	34.0	33.6
	56	48	68
		TR69K形	
		2100	
		860	
	―	―	―
	―	―	―
	―	―	―
	―	―	―
	―	―	―
	電磁直通空気ブレーキ装置、直通予備ブレーキ装置、手用ブレーキ装置	電磁直通空気ブレーキ装置、直通予備ブレーキ装置	
		110	
	―	―	―
	―	―	―
	ATS-C5形、ATS-S形	―	―
	―	AU71C形×1、28000kcal/h	AU75C形×1、42000kcal/h
	―	―	―
	―	―	MH113B-C2000形×1
		1981年	

き上げ式のカーテンも取り付けた。

　普通車のカーテンは山の木々の緑をイメージし、横引き式、巻き上げ式のカーテンとも、緑の地のものを、グリーン車の横引きカーテンは夕日に映える海岸の波をイメージした金色の波目模様、巻き上げカーテンは青と灰色の横縞模様のものとした。

　床材は、薄茶色のものを使用した。これは車内に明るい感じを出すことと、汚れが目立たないようにするという2つの効果を狙ってのことである。また、従来の厚さ3mmの床材では、摩耗により十数年で張り替えの必要があったため、厚さを5mmに、さらに材質の配合を変えて摩耗耐性を若干強化した。

　座席はグリーン車はこれまでの特急型で使用しているものと同じサイズのものとしたが、濃い赤色に縦縞を入れた新しい柄のモケットを張り付けた。普通車は117系のものと同じ転換式のものとした。これは、回転式リクライニング腰掛を使用するより、車内の通路の幅を確保できるためだ。

室内設備

　室内には車内放送で使用するスピーカーや、非常灯を格納するボックス、温度計、非常警報器などを設置する必要がある。

　車内をすっきりとした鋼製にするため、本形式では機器類はできる限り壁の内面に埋め込むことにした。

　冷暖房の温度調節をするサーモスタットは壁と床部分の2カ所に設置され、温度の平均を図った。また、通勤時は乗客の出入りが多く、車両によって室温に差が生じることが考

えられることから、各車両で冷暖房の温度調節ができるように配慮された。

スピーカーには、騒音センサーが取り付けられた。これによって、客室内の騒音が大きい車両では、車掌からのアナウンスが大きい声で、静かな車内ではアナウンスを控えめの音量で流すことが可能になり、「車内放送が聞こえない」「寝ている時、車内放送がうるさい」といった要望に応えた。

また、乗務員室のマイクには自動音量制御装置を取り付けた。これは、車掌などのアナウンスをする人の地声が大きい場合、抑圧回路が働き、出力音声が一定となる装置で、100ホン以上の声が検知された際に動作するよう、設計された。

出入台と客室とを仕切る扉は、床のマットが一定の重量を検知した場合に開く自動ドアにした。この自動ドアは、運転台で全車両自動にするか手動にするかの切り替えができるようにし、通勤時に使用する際は扉を手動で開閉するようにした。自動ドアにしておくと、マット部分にも客が乗り、扉が開きっぱなしとなって、空調の効果が薄くなることが考えられるためである。

洗面所には従来の特急と同じく、壁掛けタイプの冷水機を取り付けた。

発電機

従来の部品を使って安定性を高めるなか、冷暖房装置や制御回路・低圧補助回路等の補助電源として使用する電動発電機には、新型のブラシレス電動発電機を使用した。これは従来の発電機を使用すると重量が重くなるためである。

ブラシレス電動発電機はサービス機器の電源であるため、故障の際の対策が必要だ。そこで運転台のスイッチ操作で、主電動機からも冷暖房装置や制御回路・低圧補助回路等に電気を回せるようにした。

また、サービス電源に電気を回す場合、主電動機の負荷が大きくなりすぎることから、このモードにした際は走行機能を落とすなどして、負荷がかからないよう設計した。

台車・ブレーキ

台車はDT32H形およびTR69K形を使用し、付随台車は路面清掃装置を付けた。ブレーキ装置は発電ブレーキ併用電磁直通空気ブレーキ装置で、台車、基礎ブレーキ装置とも117系とほぼ同一のものとした。従来の特急型の車両に取り付けられた増圧ブレーキはない。

1980（昭和55）年3月、東海道本線の品川～熱海間で行われた通し運転試験で、所定運転時分1時間27分に対し、1時間28分34秒を記録。この際、性能面では十分に余裕のある運転だったことから、増圧ブレーキがなくても問題はないと判断された。

電気機器

前述のブラシレス電動発電機以外は117系とほぼ同じである。耐寒耐雪の対策については、湘南地区で運用されることから、床下機器類は標準型の耐寒耐雪構造品を使用したが、ヒーターなどを一部簡略化した。

側面の行先表示器は、1カ所から自編成への指令、他編成の指令の両方ができるようにした。

行先表示器や前面の愛称表示器など各種表示板には、省電力で球切れの心配がない発光ダイオード（LED）を使用した。

高崎線・碓氷峠に対応するため設計変更された200番代

急行「伊豆」の185系化が完了した1981（昭

和56)年10月1日のダイヤ改正で、特急「あまぎ」と急行「伊豆」とが統合され、エル特急「踊り子」が誕生した。湘南地区の置き換えが完了をみると、急行「伊豆」と同様に老朽化が進む高崎線系統の急行「あかぎ」「草津」「ゆけむり」「軽井沢」で使用中の、165系車両を185系への置き換える計画が立てられた。

置き換えにあたっては、冬季に雪が降るエリアを走ることから、耐寒耐雪装備や勾配対策が必須であった。また、横川～軽井沢間を走ることから、補機を付けての運転ができるよう、連結器まわりの設計を変えなければならなかった。さらに、碓氷峠の区間は、協調運転の設備がない場合、最大長を8両に制限しなければならなかった。

このように湘南地区の185系とは、性能や1ユニットの両数を変更しなければならないことから、165系の置き換えとして使用する185系は、185系200番代として区分することになった。

湘南地区とは状況が大きく異なる200番代の製作に当たっては、次のような設計変更が施された。

....

①基本編成を7両とする

高崎線系統の急行「ゆけむり」「草津」「あかぎ」「軽井沢」は当時、7両編成の165系を2組連結し、14両編成で運転していた。そこで、185系200番代もこれにならい、基本編成を7両とした。

②横川～軽井沢間を運行できるようにする

この区間は、協調運転の装置がない電車の場合、8両編成までしか通過できない。200番代は7両編成とするため、協調運転装置を付けなくても問題はないが、この区間で連結と解放とが何度も繰り返されることを想定して、台枠や連結器まわりを強化した。

さらに、EF63形との連結の際に必要な、空気ばねの空気を抜く装置や電動空気圧縮機を増備、さらに非常時のための設備として、車掌弁も取り付けた。

③耐寒耐雪構造を強化する

湘南地区で使用されることから簡略化されていたヒーターを、通常のものと置き換えた。車内の保温効果を上げるため、壁を厚くするなどの対策がとられた。また、寒冷地で使用することを考え、警笛にカバーを取り付けた。

④165系との暫定的な併結を可能とする

急行「伊豆」の時と同様に、置き換えの期間中、165系と併結する可能性があったことから、165系に接続できる電気連結栓を取り付けた。

⑤グリーン車の位置の変更

165系に合わせ、下り列車の前から2両目(1ユニットで運転の場合は6号車、2組で運転の場合は6号車と13号車)にグリーン車を連結した。

「新幹線リレー号」としても使われた200番代の運用

1982(昭和57)年より導入する200番代は、6月に大宮～盛岡間で開業する東北新幹線、同年11月に大宮～新潟間で開業する上越新幹線の接続列車として、上野～大宮間を運行する「新幹線リレー号」に使用することが決まっていた。そのため、グリーンのラインをストライプではなく、窓下に横帯で入れた。これは、東北・上越新幹線のカラーをイメージしたものだ。

新幹線への接続列車は、上野～大宮間を新幹線の発車時刻に合わせて運転され、編成は2組14両編成にすることとなっていた。

165系の置き換えも順次進められ、置き換えが完了次第、急行「伊豆」を特急「踊り子」に格上げしたのと同様に、急行「あかぎ」「ゆけむり」「草津」を特急に格上げする予定となっていた。

(文：渡辺雅史)

国鉄直流特急型電車運転物語 1
183系0番代

　183系が、381系が、189系が、185系が輝いていたあの日、あのとき。一体どのような活躍を遂げていたのであろうか。本章では国鉄直流特急型電車の運転にまつわる思い出の一つ、あるいはいくつかを切り取り、つぶさに紹介していきたい。登場時、国鉄時代、JR以降、終焉の時期……。いつが最もよいときであったかの判断は、著者それぞれの判断に任せた。意外な時期を取り上げたか、それとも定番の時期であるのか……。

房 総特急として活躍していた183系は、1972（昭和47）年10月から、中央本線系統の特急「あずさ」にも用いられた。「八時ちょうどの　あずさ2号で…」と歌われた楽曲によって、その知名度も上がってゆく。

183系に新たな任務が舞い込む

　房総初の特急列車は、1972（昭和47）年7月15日の時点で、外房線経由の「わかしお」（東京・新宿～安房鴨川間）が下り9本、上り8本（季節列車は上下4本ずつ）、内房線経由の「さざなみ」（東京・新宿～館山・千倉間）は上下8本ずつ（同上下3本ずつ）という体制でスタートした（表参照）。

　運用は複雑で、「わかしお」「さざなみ」とも、月曜日から金曜日までの間は上下5本ずつ、土曜日は6本ずつ、休日は8本ずつがそれぞれ運転されている。

　季節列車の運転日は少々ややこしい。P.71の表のとおり、本数の多い順に言うと休日運転の列車は「わかしお」が下り3本（1・2・5号）、上り2本（5・8号）、「さざなみ」が下り2本（1・2号）、上り2本（5・8号）、土曜・休日運転の列車は「わかしお」が上り1本（6号）、「さざなみ」が下り1本（5号）、上り1本（6号）、土曜運転の列車は「わかしお」が下り1本（6号）、「さざなみ」は設定なしとなる。曜日によって利用客の数が変動する様子がお分かりいただけであろう。

　現在と同様に、「わかしお」「さざなみ」は共通に運用されていた。幕張電車区（現・JR東日本幕張車両センター）所属の183系0番代9両編成の使用本数は平日が8編成、土曜日と休日とが10編成であった。その日の運用が開始となる場所、つまり編成が滞泊となる場所は、幕張電車区のほか、館山駅と安房鴨川駅とがある。

　滞泊状況は平日が幕張電車区4編成、館山・安房鴨川両駅に2編成ずつ、土曜日と休日とが幕張電車区6編成、館山・安房鴨川両駅に2編成ずつだ。

　当時、青森運転所（現・青森車両センター）に配置されていた583系や向日町運転所（現・JR西日本吹田総合車両所京都支所）に配置の485系は、ほとんどが他区所や他の駅に滞泊していたので、幕張電車区への11編成配置のうち、7編成が自区に滞泊できた183系0番代は恵まれた存在だったかもしれない。

　デビューから約2カ月半後の1972年10月2日になって183系0番代に新たな仕事が舞い込む。新宿～甲府・松本間の特急「あずさ」で、下りは3号（新宿10時00分発、松本13時43分着）と6号（新宿20時00分発、甲府21時54分着）、上りは1号（甲府7時35分発、新宿9時26分着）と4号（松本14時40分発、新宿18時19分着）だ。

「わかしお」「さざなみ」の運転時刻（1972年7月15日現在）

「わかしお」

下り

列車番号	号数	始発駅	時刻	終着駅	時刻	運転日
6031M	1号	新宿	7:15	安房鴨川	9:44	休日
6033M	2号	東京	8:40	安房鴨川	10:55	休日
5021M	3号	東京	9:00	安房鴨川	11:03	毎日
5023M	4号	東京	10:00	安房鴨川	12:13	毎日
6035M	5号	東京	12:00	安房鴨川	14:22	休日
6037M	6号	東京	13:40	安房鴨川	15:54	土曜
5025M	7号	東京	15:00	安房鴨川	17:03	毎日
5027M	8号	東京	17:00	安房鴨川	19:11	毎日
5029M	9号	東京	19:00	安房鴨川	21:08	毎日

上り

列車番号	号数	始発駅	時刻	終着駅	時刻	運転日
5022M	1号	安房鴨川	7:19	東京	9:24	毎日
5024M	2号	安房鴨川	8:48	東京	10:55	毎日
5026M	3号	安房鴨川	12:22	東京	14:20	毎日
5028M	4号	安房鴨川	14:13	東京	16:15	毎日
6032M	5号	安房鴨川	15:43	東京	17:53	休日
6034M	6号	安房鴨川	17:07	東京	19:19	土・休
5030M	7号	安房鴨川	18:23	東京	20:25	毎日
6036M	8号	安房鴨川	18:50	新宿	21:10	休日

「さざなみ」

下り

列車番号	号数	始発駅	時刻	終着駅	時刻	運転日
6011M	1号	新宿	7:35	千倉	10:04	休日
6013M	2号	東京	8:08	館山	10:07	休日
5001M	3号	東京	9:35	館山	11:24	毎日
5003M	4号	東京	10:30	千倉	12:39	毎日
6015M	5号	新宿	12:20	館山	14:30	土・休
5005M	6号	東京	15:30	館山	17:23	毎日
5007M	7号	東京	17:30	千倉	19:44	毎日
5009M	8号	東京	19:30	館山	21:28	毎日

上り

列車番号	号数	始発駅	時刻	終着駅	時刻	運転日
5002M	1号	館山	7:13	東京	9:09	毎日
5004M	2号	千倉	8:20	東京	10:33	毎日
5006M	3号	館山	13:11	東京	15:03	毎日
5008M	4号	千倉	14:57	東京	17:04	毎日
6012M	5号	千倉	16:27	東京	18:39	休日
6014M	6号	館山	17:42	新宿	19:53	土・休
5010M	7号	館山	18:11	東京	20:04	毎日
6016M	8号	館山	18:48	新宿	20:57	休日

　車両の運用順序は、1日目が幕張電車区～回送→新宿～下り3号→松本～上り4号→新宿～下り6号→甲府、2日目が甲府～上り1号→新宿～回送→幕張電車区というもの。新宿駅における上り1号の到着時刻と下り3号の出発時刻とを見る限り、新宿～甲府・松本間での運用は1編成でまかなえてしまうのだが、幕張電車区～新宿間の回送に要する時間を考えると2編成が必要となる。

　「あずさ」各列車の運転日は毎日であった。ということは、土曜・休日には183系0番代は配置となっている11編成すべてが出払うどころか、逆に1編成不足することとなってしまう。となると、183系0番代の増備が行われたのではと勘ぐりたくなるが、翌1973（昭和48）年9月まで実施されていない。

　種を明かすと、季節列車の「わかしお」「さざなみ」どちらも下り2号・上り8号の計4本は休日運転とはいっても夏季のみの運転であり、そのほかの季節は運転されなかったのである。車両の運用順序は、「わかしお」「さざなみ」とも、幕張電車区～回送→東京～下り2号→安房鴨川または館山～上り8号→東京～回送～幕張電車区というもの。

　つまり、夏季以外はどの日であっても3編成は幕張電車区で休んでいたのだ。という次第で、183系0番代は休日には「わかしお」「さざなみ」に8編成、「あずさ」に2編成が用いられ、1編成は幕張電車区で待機していた。車両の運用で問題となる点は特に見られない。

　幕張電車区の183系0番代が「あずさ」を受けもっていたのは1985（昭和60）年3月13日までの間だ。したがって、1972年10月2日から約12カ月6カ月間ずっと使用されていたように見えるが、実はそうではない。183系0番代による「あずさ」は1972年12月15日にひとまず姿を消している。

　この時期に183系0番代が「あずさ」に駆り出された理由は、181系の車両不足を補うためであった。「あずさ」は1972年10月2日の時刻改正で上下2本ずつが増発されて、上下6本ずつの運転となる。だが、必要となる10両編成1編成の181系が、向日町運転所から当時の「あずさ」運用を受けもっていた新潟運転

所(現・JR東日本新潟車両センター)への転入が間に合わなかった。

　ゆっくり移動させていたからではもちろんなく、改造工事を施していたからである。車両の形式が変わるほどの大がかりな改造工事はクロハ181-10からクハ181-65となった1両だけであったが、他の9両も可能な限り耐寒耐雪構造を施していた。

房総での運用の後「あずさ」運用を担う

　183系0番代が再び「あずさ」に舞い戻ってきたのは、1973(昭和48)年10月1日のことだ。同日に実施された時刻改正で「あずさ」は上下10本ずつの運転と、一気に上下4本ずつが表のように増発され、これらのうち下り2・4・5・9・10号、上り1・2・6・7・8号の上下5本ずつを183系が担当することとなったのだ(P,73の表参照)。

　「あずさ」での183系0番代の使用は永続的と計画されたので、いよいよ編成が不足となる。この結果、モハ183・182-34～43の12両ずつ計24両、クハ183-23～30の8両、サロ183-12～15の4両、合わせて36両が1973年9月に新製され、9両編成4編成を組んで、新たに幕張電車区に配置となった。

　車両の運用順序は、1日目が幕張電車区～回送→新宿～下り2号→松本(白馬)～上り7号→新宿～下り10号→甲府、2日目が甲府～上り1号→新宿～下り4号→松本～上り6号→新宿～下り9号→松本、3日目が松本～上り2号→新宿～下り5号→松本～上り8号→新宿～回送→幕張電車区というもの。

　3編成を使用し、いったん幕張電車区から中央・篠ノ井線に送り込まれたら翌々日まで幕張電車区に戻ってこないという運用である。「あずさ」に本格的に用いられることとなった183系0番代は、幕張電車区を出区する前日までは8日間または10日間を費やして「わかしお」「さざなみ」の運用に組み込まれており、9日目または11日目から中央・篠ノ井・大糸線で運用を開始するという手はずが整えられた。

　幕張電車区～新宿間は36.8キロ(幕張本郷～新宿間で計算)あり、結構長い。183系0番代の「わかしお」「さざなみ」運用には新宿駅を発着するものも含まれていたから、これらの列車と組み合わせていれば、往復で73.6キロとなる回送キロを減らすことは可能であったかもしれない。

　ところが、異なる線区、系統の列車を一日の運用に混在させると、例えば冬季の中央本線で雪害のために列車ダイヤが乱れたようなときに房総各線の特急列車も影響を受けてしまう。このため、一つの車両基地に所属する車両が複数の線区、系統の列車を担当する場合、別々にこなしていく運用を作成するのが、この当時の国鉄の習わしであった。

　新潟運転所に配置されていた181系にしてもまずは「とき」から片付け、上野～品川～新宿～三鷹と回送されて、「あずさ」という具合の運用を組んでいたのである。

号車番号を手作業で差し換え

　もう一つ、「わかしお」「さざなみ」運用と「あずさ」運用とを明確に分けた理由は、号車番号にまつわる問題だ。「わかしお」「さざなみ」の1号車は東京・新宿寄りのクハ183形であり、9号車は安房鴨川・館山・千倉寄りとなる。この状態で新宿駅に回送すると、1号車は松本・白馬方面を向く。けれども、中央本線方面の列車号車番号は東京・新宿寄りを1号車としているため、反対向きとなってしまう。

　1号車を松本・白馬方面に変えてしまえば解決するのであろうが、165系を使用した急行列車にも影響が出る。結局、「わかしお」

「あずさ」の運転時刻（1973年10月1日現在）　※▨は183系0番代の担当、他は181系の担当

下り

列車番号	号数	始発駅	時刻	終着駅	時刻	運転日
6001M	1号	新宿	6:40	松本	10:23	季節
3M〜6003M	2号	新宿	8:00	松本（白馬）	11:45（白馬は12:49）	毎日（松本〜白馬間は季節運転）
5M	3号	新宿	9:00	松本	12:45	毎日
7M	4号	新宿	10:00	松本	16:46	毎日
9M	5号	新宿	13:00	松本	16:46	毎日
11M	6号	新宿	14:00	松本	17:39	毎日
13M	7号	新宿	15:00	松本	18:39	毎日
15M	8号	新宿	16:00	松本	21:44	毎日
17M	9号	新宿	19:00	松本	22:46	毎日
21M	10号	新宿	20:00	甲府	21:54	毎日

上り

列車番号	号数	始発駅	時刻	終着駅	時刻	運転日
22M	1号	甲府	7:35	新宿	9:26	毎日
2M	2号	松本	8:00	新宿	11:30	毎日
4M	3号	松本	10:00	新宿	13:30	毎日
6M	4号	松本	11:00	新宿	14:33	毎日
8M	5号	松本	13:40	新宿	17:11	毎日
10M	6号	松本	14:40	新宿	18:20	毎日
6012M〜12M	7号	松本（白馬）	15:40（白馬は14:12）	新宿	19:20	毎日（白馬〜松本間は季節運転）
14M	8号	松本	17:16	新宿	20:52	毎日
16M	9号	松本	18:16	新宿	21:45	毎日
6018M	10号	松本	19:22	新宿	22:51	季節

「さざなみ」運用から「あずさ」運用への転換時、またその反対のときは、車体や客室に掲示されている号車番号を変えることとした。

今日のように、号車番号がLEDなどで表示されているのならばこうした作業もさして大変ではない。だが、当時は号車札であったから1枚1枚手動で差し替える必要が生じる。その枚数は1両につき車外に4枚、客室に2枚の計6枚、9両で都合54枚だ。号車番号を表示器で表示することなど考えられない時代であったから、担当した人たちは皆当たり前のように作業に従事していたのであろう。

地味だった183系0番代に当たったスポットライト

「あずさ」に用いられていた183系0番代は、受けもつ列車の本数が決して少なくはないにもかかわらず、終始地味な存在であった。投入当初はともに運転されていた181系のほうがやはりボンネット形の威光だろうか、目立っていたし、1975（昭和50）年12月7日に181系が189系に置き換えられると、より新しい189系のほうが脚光を浴びる。他の特急列車の間合いで運転されているとのイメージが強かったのかもしれない。

とはいえ、181系も189系も「とき」「あさま」の間合いで「あずさ」に使用されていた。この列車だけを受けもつ特急型電車が活躍を始めたのは1982（昭和57）年11月15日からで、「あずさ」の運転区間内に設けた車両基地に特急型電車が配置となるのは、1986（昭和61）年11月1日からである。

183系0番代の「あずさ」は1977（昭和52）年の4月になってにわかに脚光を浴びる。兄と弟との2人で構成される狩人が歌う「あずさ2号」という楽曲が大ヒットし、タイトルになった列車をはじめ、この列車に充当されていた183系0番代がマスメディアに取り上げられるようになったのだ。

狩人の楽曲が現代でも歌われているおかげで、筆者はいまも183系0番代の「あずさ」を思い浮かべる。薄幸とまでは言わないが、181系ほど華々しくはなく、189系や183系1000番代ほど寒さに強いという印象をもたれなかった183系0番代が、このときばかりは資料映像に登場するのだから、運命とはよく分からないものだ。

（文：梅原 淳）

国鉄直流特急型電車運転物語 2
381系

　381系は、「しなの」のほか、紀勢本線の「くろしお」、伯備線の「やくも」として カーブの多い路線で活躍を見せた。要ともなる振子装置は、一方で乗り物酔いの発生も招くことになるが、新たな展開が待っていた

神領電車区の混雑から長野運転所所属に

　381系「しなの」のデビューとなるダイヤ改正は、夏の行楽シーズンに合わせて1973(昭和48)年7月10日に実施された。「しなの」はそれまでの3往復から一挙に8往復に増発されたが、うち大阪発着便を含む2往復は、従来のキハ181形特急型ディーゼル動車が残置された。

　運行開始時の381系「しなの」は、通常1日あたり4編成が運用され、名古屋～長野間を6往復した。ダイヤは旅客需要に合わせて名古屋を基点に組まれ、下り列車は毎時00分発。午前中は1時間ごと、午後は2時間ごとの運行となった。

　車両はすべて長野運転所(現・JR東日本長野総合車両センター)の所属で、検修作業も長野工場(同)で行っていたが、名古屋を午前に発車する列車が増えたため、4本中3本は名古屋の神領電車区(現・JR東海神領車両区)に夜間滞泊するダイヤとなった。神領電車区は名古屋近郊にある電車区で、配置車両が飽和状態に近かったためだ。神領電車区には当時モハ80系などを中心に172両が所属していたが、「しらさぎ」用485系の夜間滞泊、「金星」用583系の寝台セット、解体作業も行っており、相当な過密状態だった。

　営業運転を開始した381系は快調に走り、「しなの」の利用者は381系投入前と比較して250％と大幅に増えた。間もなく「乗りもの酔い」が問題となるものの、輸送実績としては大成功となった。

　運行開始1年後の1974(昭和49)年になると、車輪の減り方が在来車よりも激しいという問題が明らかになり、予定よりも早く車輪転削を行うなど対応に追われた。381系は予備車両がないに等しく、6往復体制を維持するため、急遽5月20日から、多客時を除き7連に減車して運行された。

　1975(昭和50)年3月10日、山陽新幹線博多開業に伴うダイヤ改正では、「しなの」の増発は見送られたが、長野運転所には30両が増備され、381系は77両に。キハ181系による2往復は、ダイヤ改正直前の2月21日から381系に置き換えられた。

　全便電車化に伴い、東海道本線大阪～名古屋間でも381系が運行されることになったが、振子装置を作動させるかが議論となった。しかし、従来設備の路線で振子装置を作動させると、パンタグラフが架線の振り止め金具を支障する恐れがあり、架線の改修・交換が必要になる。

　結局、東海道本線は中央西線・篠ノ井線に比べて曲線区間が少ないこともあり、同区間での振子装置の使用は見送られた。それでも、大阪～長野間は従来の6時間38分から5時間50分と48分もの大幅な時間短縮を達成した。

短命に終わったノンストップ「くろしお」

　1978(昭和53)年10月2日のダイヤ改正で

新宮発天王寺行381系特急「くろしお5号」。紀勢本線　岩代〜南部　1979年12月28日　撮影：寺本光照

は、紀勢本線和歌山〜新宮間の直流電化が完成し、エル特急「くろしお」に381系90両が投入された。特に紀伊田辺〜和歌山間では381系がその性能を存分に発揮し、表定速度はキハ80系時代の66.6km/hから86.8km/hと、実に20km/hものアップを果たしている。この「くろしお」登場が、381系が最も輝いた瞬間とも言えるだろう。

2年後の1980（昭和55）年10月1日のダイヤ改正は、国鉄発足以来の減量ダイヤ改正だったが、日根野電車区（現・JR西日本吹田総合車両所日根野支所）には381系が18両増備され、9両編成12本108両、「くろしお」は12往復体制となった。

この改正の目玉の一つが、和歌山〜白浜間ノンストップの速達特急「くろしお6・9」号の登場だ。天王寺〜白浜間の所要時間は、従来の最速2時間5分から6分短縮し、2時間を切る1時間59分となった。利便性向上というよりは、当時増加していたマイカーへの対抗上「南紀白浜へ大阪から1時間台」をうたう、目玉商品としてのインパクトを狙ったダイヤと言えた。

停車駅を極端に減らした速達列車の設定は、以前からアイデアとして国鉄部内に存在した。「しなの」運行開始1年後に行われた国鉄関係者の座談会では、須田寛国鉄本社旅客営業課長（当時）が「停車駅をうんとしぼっ」た速達列車についてふれ、「目玉商品を1つ2つ抜き出すよりも、特急全体を目玉商品として営業上まで出していくやり方のほうが（良い）」（「381系電車きのう・きょう・あす」、『交通技術』1974年6月号、交通協力会、194ページ）と否定的な意見を述べている。

この発言は現実のものとなり、ノンストップ「くろしお」は週末に白浜温泉を訪れる行楽

客以外には使い勝手が悪く、特に平日の乗車率が低迷した。1982(昭和57)年5月17日からは早くも週末運転の季節列車に格下げされ、同年11月15日にはノンストップ運転も中止されている。

ただ、柔軟性に欠けるとされた当時の国鉄が、利用者にアピールする目玉商品を登場させたことは、それなりの意義があった。

出雲市への日帰りを可能にした「やくも」

1982(昭和57)年7月1日、伯備線・山陰本線倉敷～出雲市間の電化が完成し、第三の振子特急「やくも」が運行を開始した。

従来6往復の「やくも」はすべて電車化され、急行「伯耆」からの格上げも含め、8往復体制でスタート。倉敷～備中高梁間では電化と合わせて複線化が進められ、特急同士の交換が見込まれる井倉～石蟹間も複線化されている。

伯備線内の最高速度は110km/h、曲線通過速度は本則+15km/hとなり、所要時間は気動車時代の最短3時間41分から同3時間12分と、約30分の短縮を果たした。この結果、滞在時間1時間15分と現実的とは言えないものの、東京～出雲市間の日帰りが初めて可能になっている。

山陰本線知井宮駅(現・西出雲)近くには、新たに出雲電車区(現・JR西日本後藤総合車両所出雲支所)が設置され、新たに9両編成9組、81両が新製された。「しなの」、「くろしお」と合わせて総勢277両となったが、381系の増備はこれが最後となった。自然式振子装置ではタイムラグによる「振り遅れ」や「揺り戻し」を完全に解決できず、能動的に車体を傾ける制御付自然振子装置の開発を国鉄がすでに決定していたためだ。

減量ダイヤから増発・グレードアップへ

1982(昭和57)年11月15日の上越新幹線開業に伴うダイヤ改正では、「しなの」が塩

伯備線電化前の訓練用381系「やくも」用先行配置車。米子駅　1982年2月21日　撮影：寺本光照

名古屋発長野行381系特急「しなの11号」。名古屋　1984年3月28日　撮影：寺本光照

尻駅のスイッチバック解消による停車時間の見直しで名古屋～長野間最速3時間13分となったほか、1往復を増発し10往復体制となった。車両は増備せず、運用の見直しのみで実現した。

また、車両の受けもちが長野運転所から神領電車区に移管され、検修も浜松工場の受け持ちとなった。長野運転所が、在来線「とき」の廃止で余剰となった183系84両を受け入れ、いっぱいになったためである。

東北新幹線上野開業の1985(昭和60)年3月改正では、中央西線の昼行急行が全廃されたが、「しなの」は「やくも」と同様に運行本数に変更はなく、逆に前年から、閑散期には2両減車して7連で運行するようになっていた。

「くろしお」は12往復から16往復に増発された。しかし、381系の増備が打ち切られたため、増発分は各地からかき集めた485系が使用され、所要時間は新宮～天王寺間で381系よりも、30分以上余計にかかった。国鉄は車両の補償も満足に末期的状態となり、いよいよ分割民営化が現実のものとなっていく。

国鉄末期からJR発足直後にかけて、各地で列車の短編成化や増発が行われたが、381系も例外ではない。伯備線の「やくも」は、当初381系の基本を忠実に守り、6M3Tの9両編成で運行されたが、利用客が伸び悩み列車によってはガラガラの状態だった。

そこで、国鉄最後のダイヤ改正である1986(昭和61)年11月改正を前に、出雲電車区所属のモハ381形9両が順次クモハ381形に改造され、4M2Tの6両編成に変更。出雲電車区所属の381系は、6両編成9本と予備車3両×3本の計63両となり、捻出された18両が日根野電車区に転属して、485系で運行されていた「くろしお」を置き換えた。これによって、「くろしお」は再び全列車が381系となり、本来の姿となった。

1987(昭和62)年4月1日、国鉄は分割民営化され、JRグループが発足。381系は神

領電車区の88両がJR東海に、日根野電車区の126両と出雲電車区の63両がJR西日本に引き継がれた。

民営化を果たすと、各社はそれまでの減量ダイヤから攻めの姿勢に転じた。まず、JR東海は1988（昭和63）年3月のダイヤ改正で、「しなの」を一挙に6往復増発。定期13往復、季節3往復の計16往復体制とした。これを既存の88両で実現するため、87年から翌年にかけて、保有するすべての付随車10両を、制御車クロ381形に改造。特に10両中3両は、前方車窓を楽しめる展望席を備えたパノラマ車クロ381形10番代となり、大人気となった。グリーン車の位置を統一し乗客の利便性を向上させるため、クハ381形5両をクロ381形に改造したことも興味深い。

これによって神領電車区の381系は4M2Tの6両編成を基本とし、6両編成14本と予備の4両1本という体制で16往復運行を実現。翌1989（平成元）年3月の改正ではさらなるスピードアップを実施し、名古屋～長野間は3時間の壁を破り、最速2時間53分となった。

JR西日本は、発足後しばらくは座席のグレードアップなどを中心に取り組んでいたが、1989（平成元）年7月22日、天王寺駅の短絡線が完成し、16往復中5往復が新大阪、2往復が京都に乗り入れを果たした。従来、新幹線から「くろしお」に乗り換えるには新大阪、大阪、天王寺と3度も乗り換えが必要だったのが1回で済むようになり、実質20分以上の短縮を実現した。

さらに新大阪乗り換えで「くろしお」が乗継割引の対象となり、新幹線特急券と同時に購入すれば、特急料金が半額になるようになった。これにより、「くろしお」は従来の行楽特急ではなく、和歌山県北部へのビジネス特急としての性格もあわせもつようになった。

急カーブ区間も難なくこなす紀勢本線　下里～紀伊浦神間を行く特急「スーパーくろしお」　1992年4月　撮影：持田昭俊

紀勢本線　下里～紀伊浦神間を行くパノラマグリーン車先頭の特急「スーパーくろしお」　1992年4月　撮影：持田昭俊

381系　振子装置が乗り心地を向上

その後、JR東海とJR西日本の381系は、それぞれ別の道を歩む。JR東海は1996（平成8）年に制御付自然振子装置と自己操舵機能付台車を搭載した383系76両を「しなの」に投入。豊富な財務力を活かして、一挙に大部分の381系を置き換えた。波動輸送用に最後まで残された編成も2008（平成20）年に引退し、現在はクハ381-1とクロ381-11とが名古屋の「リニア・鉄道館」で保存されている。

ベージュ色をベースに窓まわりは深紅の「ゆったりやくも」色で走る特急「やくも」。
2011年10月31日　撮影：持田昭俊

　一方、JR西日本の381系は、大事に使われ続けた。JR東海のパノラマ車の成功を受けて、1989（平成元）年に「くろしお」、1994（平成6）年には「やくも」にパノラマグリーン車を投入。2007（平成19）年には内装を大幅にリニューアルした「ゆったりやくも」を登場させ、低廉な投資で最新のサービス提供を行っている。

　2012（平成24）年6月から、287系の増備によって捻出された旧「くろしお」用381系が順次福知山電車区に移籍。2013年春までに40両（6両編成6本、4両編成1本）が、老朽化した183系に替わって新大阪～城崎間「こうのとり」、京都～城崎間「きのさき」に投入された。

　福知山線は、1986（昭和61）年に電化された際、一度は381系の投入が検討された路線。国鉄の財政悪化から見送られたが、26年を経ての実現だった。

　福知山線は架線などが振子車両に対応していないため、当初は振子装置を切って運行していたが、乗客から「座席にゴツゴツとした振動が伝わる」、「乗り心地が悪い」という苦情が相次いだ。381系の設計が古いため、新型の287系と比較して乗り心地が悪く感じられるものと思われたが、検証の結果、振子装置をクッションとして使い、振動による揺れと相殺させることで改善できると判明。JR西日本は、381系の傾斜角を5度から3度に改造し、2014（平成26）年7月から振子装置の作動を開始した。以来、乗客からの苦情は減ったという。

　「振子特有の揺れで乗り心地が悪い」と批判された381系が、40年あまりの歴史の最後に、振子を乗り心地の向上のために使う……。国鉄技術の試行錯誤が詰まった、381系らしい余生と言えるのではないだろうか。

（文：栗原　景）

特急「やくも」。先頭はクロ380形パノラマグリーン車。2011年10月31日　撮影：持田昭俊

国鉄直流特急型電車運転物語 3
183系1000番代

老朽化と雪害により故障が続発していた181系の後継として、1974（昭和49）年の年末に登場した183系1000番代。デビュー後すぐの年末年始輸送を無難にこなし、「あまぎ」や「白根」としても用いられた。

年末年始輸送を控え急ピッチで製造

　東京と上越とを結ぶ「とき」に、183系1000番代が投入されたのは、1974（昭和49）年12月28日のこと。翌12月29日からは年末年始の繁忙期輸送を迎えるとあって、老朽化が進み、雪にも寒さにも弱い181系を補完するには、これ以上後には延ばせないという状況のなかでのデビューであった。

　183系1000番代が異例とも言える短期間で設計されたかについてはすでに42ページからの「183系1000番代　車両ガイド」で述べたとおりだ。加えて、落成した183系1000番代38両を営業に投入するスケジュールも異例づくしであった。それは各車両の新製日を見ると分かる。

　38両中、最も早く完成した車両はモハ183・182-1001〜1004の4両ずつ計8両、クハ183-1001・1002の2両、サロ183-1001・1101の2両の合わせて12両。1974年12月1日に日本車輌製造の製造であった。これらはおそらく、新潟方からクハ183-1001＋モハ183-1001＋モハ182-1001＋モハ183-1002＋モハ182-1002＋サロ183-1001＋サロ183-1101＋モハ183-1003＋モハ182-1003＋モハ183-1004＋モハ182-1004＋クハ183-1002と、「とき」用に想定された所定の12両編成を組成し、配置区所の新潟運転所上沼垂支所（現・JR東日本新潟車両センター）に到着すると同時に、上野〜新潟間で乗務員の訓練運転を実施したに違いない。

　183系1000番代はその後、12月14日、12月20日、12月24日の3回にわたって新製された。12月14日はモハ183・182-1011・1012の2両ずつ4両、クハ183-1007・1008の2両の合わせて6両。近畿車輛製である。グリーン車が製造されていない点は気になるが、4M2Tの6両編成を組んで、こちらも乗務員訓練に供されたはずだ。

　12月20日に製造された車両はモハ183・182-1007〜1010の4両ずつ8両、クハ183-1005・1006の2両、サロ183-1003・1103の2両の合わせて10両だ。やはり近畿車輛が製造した。新潟運転所上沼垂支所では早速、12月14日に完成した6両編成にモハ183・182形を2両ずつ4両、それからサロ183形を2両組み込んで12両編成を組成したであろう。

　その編成を推測すると、新潟方からクハ183-1007＋モハ183-1007＋モハ182-1007＋モハ183-1008＋モハ182-1008＋サロ183-1003＋サロ183-1103＋モハ183-1011＋モハ182-1011＋モハ183-1012＋モハ182-1012＋クハ183-1008となる。

　今回の計画で最後に新製されたのは日本車輌製造が手がけた8両だ。モハ183・182-1005・1006の2両ずつ4両、クハ183-1003・1004の2両、サロ183-1002・1102という内訳である。もう営業開始日は近い。新潟方からクハ183-1005＋モハ183-1005＋モハ182-1005＋モハ183-1006＋モハ182-1006＋サロ183-

東京発伊豆急下田行183系特急「あまぎ3号」。東海道本線　大井町〜大森　1981年7月21日
撮影：寺本光照

1002＋サロ183-1102＋モハ183-1009＋モハ182-1009＋モハ183-1010＋モハ182-1010＋クハ183-1006という編成を組み、クハ183-1003・1004を差しあたり予備車としたのではないだろうか。

いずれにせよ、新製から営業開始までの間が極めて短いので、今日のように車両の製造番号順に編成を組むという芸当はできない。車両キロがまちまちとなるので、台帳に基づいて検査日を管理する作業も繁雑なものとなってしまう。それでもこれから控える年末年始の繁忙期輸送を考えれば、悠長に車両が揃うのを待っている状況でないこともまた確かだからである。

 ## 急行とも連携して年末年始輸送を乗り切る

183系1000番代は12月28日の6時50分に新潟を出発する上り「とき1号」から営業に就いた。この編成は上野に到着後、下り6号として新潟に折り返し、新潟に到着したら上り7号となって上野に再び向かう。上野駅で降車を終えると東大宮旅客車基地(現・大宮総合車両センター東大宮センター)に回送されて一日の仕業を終える。

翌29日は東大宮旅客車基地から上野へと回送された後、下り2号として新潟に向かい、上り7号で上野へと舞い戻り、上野駅から秋葉原駅方面へと広がっていた電車留置線でしばしの休憩後、下り12号で新潟を目指し、到着後は新潟運転所上沼垂支所に帰ってゆく。

12月29日は新潟運転所上沼垂支所を出所した183系1000番代のもう1編成が上り1号から運用を開始する。つまり、28日は移り変わり運用、29日は所定の運用でそれぞれ運転されたという次第だ。ここまでを整理すると、183系1000番代は下りが2・6・12号、上りが1・7・11号の3往復を担当することとなった。

12両編成の183系1000番代の1号車は181系と同じく上野寄りにあり、12号車が新潟寄りだ。指定席車はグリーン車を含めて1号車から8号車まで、自由席車は9号車から12号車までである。しかし、デビュー当日から

国鉄直流特急型電車運転物語3　81

1975 (昭和50) 年1月7日までの間、自由席は姿を消し、全車指定席として運転された。言うまでもなく、混雑を緩和するためだ。

「とき」の自由席車に大勢の人たちが乗り込まないようにとの配慮は、今日の東北・上越新幹線の列車などで、いまも見ることができる。とはいえ、特急列車を全車指定席にすると、必然的に急行列車にしわ寄せがいく。

上越線方面の急行列車では、12月29日以降、「佐渡1・4号」(上野〜新潟間)、「北陸」(上野〜金沢間)の普通車指定席が姿を消して自由席となり、さらには「鳥海」(上野〜秋田間)のA寝台車やB寝台車がどちらも普通車の自由席に置き換えられた。つまり、混雑率が300%に達しようとも、とにかく旅客が乗車できるようにと配慮したのである。

1974年末、国鉄が設置した上野駅公園口の「テント村」の様子。写真所蔵：朝日新聞社

上野にテント村が出現 「とき」は輸送力増強へ

こうした急行列車の自由席に上野駅から乗車する場合、座席を確保するには早めに並んでおきたい。とはいえ、プラットホームに大勢の旅客が列を作っていたら混乱が生じる。そこで異なる場所に待機場所を作る必要があり、上野駅の場合、国鉄は公園口の広場に仮設のテント、通称「テント村」を設け、乗車を希望する"旅客"に対して、ここに列車の出発時刻の40分前までに集合するよう案内していた。

鉄道営業法上では「旅客」とは、有効な乗車券類を持ち、改札を通過した人を指す。したがって、テント村に並んでいる人は同法では公衆と見なされるのだが、筆者はあえて"旅客"と表記した。というのも、テント村に並ぶには、これから有効となる乗車券や急行券などを携えているだけでは不十分で、国鉄が列車の出発1週間前の10時から出発当日まで上野駅で販売した1枚50円(小人も同一金額、現在の貨幣価値に換算して約98円)の乗車整理券を携えていなければならなかったからだ。要するに、本来は改札内にいるはずであるのに、国鉄の都合で改札外にいることを強いたため、旅客であることを証明する無記名証券を販売したのである。

ここで、1974 (昭和49) 年の年末にテント村に並ばなければ乗車できなかった、上越線方面の列車を挙げておこう。上野〜新潟間の急行「佐渡1・4・51・52・58・59号」、上野〜秋田間の「鳥海」、上野〜酒田間の「鳥海52号」、さらには上野〜長岡間の普通列車の第733M列車である。

183系1000番代と直接関係のない話を長々と記したのは、当時の切迫した状況を理解していただきたかったからだ。

慢性的に混雑が続いていた「とき」は、183系1000番代の投入時に輸送力の増強を図った。10両編成の181系(新潟方からクハ181形ーモハ181形ーモハ180形ーモハ181形ーモハ180形ーサシ181形ーサハ180 (181) 形ーモロ180形ーモロ181形ークハ181形)と12両編成の183系1000番代とでは、言うまでもなく輸送力が異なる。

前者はグリーン車104人、普通車464人の

計568人、後者はグリーン車96人、普通車656人の計752人で、グリーン車は8人の減少となっているが、普通車は192人もの大幅な増加となった。全車指定席で運転するのだから、すでに指定席特急券は、出発の1週間前から発売済みとなっていた。

仮に183系1000番代が車両故障を起こして181系にでも振り替えるとなると、いま挙げた192人は行き場を失ってしまう。だからこそ、新車は慎重に投入するのであるが、181系がいつ不調となるかはわからないので、183系1000番代はとにかくすぐに営業運転を開始する。

幸いにも大きなトラブルもなく、最初の関門である1974年の年末輸送を乗り切った、とだけ言っておこう。

上越新幹線開業を控えて数を増やしたくない…

異例のスケジュールで投入された183系1000番代は利用者や乗務員にとって歓迎され、さらなる増備が望まれる。だが、国鉄はこの電車をなるべく作りたくない、数を増やしたくないと考えていた。先に述べたように1974年当時、上越新幹線は1976 (昭和51)年度の開業を目指して、すでに建設工事が始まっていたからだ。今日の状況を見れば分かるとおり、上越新幹線が開業してしまえば「とき」は全廃となり、183系1000番代は活躍場所を失って余剰となる。財政事情の厳しい国鉄としては無駄な投資を何としても避けなければならなかったのだ。

ところが、183系1000番代の第一陣が営業を開始した段階で、上越新幹線の開業時期の延期はほぼ確実なものとなっていた。大清水、中山といった長大トンネルの建設工事が予測以上に困難であったからだ。さらに、上越新幹線の列車の乗り入れが決まっていた東北新幹線上野～大宮間の建設工事は、東京都北区内などでの強固な反対運動により、用地の取得すらできないという状況に陥っていた。

国鉄はまず151系から改造された181系を追い出すべく、1975 (昭和50)年9月に183系1000番代を追加で製造した。番号と両数はモハ183・182-1013～1028の16両ずつ計32両、クハ183-1009～1016の8両、サロ183-1004～1007・1104～1108の9両の合わせて、49両である。

車種と両数との組み合わせから、12両編成4編成と予備車のサロ183形1100番代1両であることは明らかだ。サロ183形1100番代が余分に製造された理由は、冬季に床下に搭載された電動発電機や電動空気圧縮機に、雪が浸入して車両故障を起こすものが発生したためであろう。

49両の183系1000番代は1975年10月1日から営業を開始する。13往復の「とき」のうち、下り1・8・10・11号、上り3・5・6・13号の4往復が新たに183系1000番代での運転となる。この結果、下り1・2・6・8・10・11・12号、上り1・3・5・6・7・11・13号の7往復を受け持ち、下り3・4・5・7・9・13号、上り2・4・8・9・10・12号を担当する181系を上回った。

1974 (昭和49)年12月と1975年10月との間の1975年3月10日には、山陽新幹線岡山～博多間の開業に伴う大規模な時刻改正が実施されたが、東北・上越系統の特急・急行列車に大きな変更は生じていない。「とき」も一部の列車の時刻が変わった程度で、列車番号などに変更はない。

肝心の車両の運用順序を見てみよう。

....

1日目：新潟運転所上沼垂支所～回送→新潟～上り1号→上野～下り6号→新潟～上り7号→上野～回送→東大宮旅客車基地

2日目：東大宮旅客車基地～回送→上野～下り2号→新潟～上り7号→上野～下り12号→

新潟〜回送→新潟運転所上沼垂支所
3日目：新潟運転所上沼垂支所〜回送→新潟〜上り3号→上野〜下り8号→新潟〜上り13号→上野〜回送→東大宮旅客車基地
4日目：東大宮旅客車基地〜回送→上野〜下り1号→新潟〜上り6号→上野〜下り11号→新潟〜回送→新潟運転所上沼垂支所
5日目：新潟運転所上沼垂支所〜回送→新潟〜上り5号→上野〜下り10号→新潟〜回送→新潟運転所上沼垂支所

……………………………

　5日間の行程で、最初の4日間は上野〜新潟間を1往復半、最後の1日は1往復という内容だ。
　一方、6往復となった181系も5日間の行程となる車両運用が組まれていた。これらのうち、上野〜新潟間を1往復半となる運用は、2日目と5日目の2日間だけで、残りの3日間は上野〜新潟間を1往復して新潟運転所上沼垂支所または東大宮旅客車基地に取り込まれる。老朽化の進む181系の車両キロをできる限り少なくしよう、と努めた結果だ。何しろ上野〜新潟間は330.3キロあり、1日の車両キロは1往復ならば660.6キロ、1往復半なら990.9キロと大きく変わるからである。

田町電車区に配置され157系を置き換え

　183系1000番代は、1975（昭和50）年12月から翌1976年1月にかけて35両が製造された。内訳はモハ183・182-1029〜1039の10両ずつ20両、クハ183-1017〜1024の8両、サロ183-1008〜1010・1109〜1112の7両。35両の配置はそれまでとは異なり田町電車区（現存しない）である。
　田町電車区に配置となった183系1000番代は、同区に配置されていた157系直流特急型電車の置き換え用だ。下降窓を備えた157系は、腰板と呼ばれる車体側面窓下の構体を中心に腐食が激しく、181系以上に老朽化が進んでいた。何しろ、外板の一部では塗装が剥がれ、錆があらわになった状態で走り続けていたほどだ。「せっかく特急料金を支払ったのに」と落胆した利用者も多かったのではないだろうか。
　これら35両は東京〜伊豆急下田間の特急「あまぎ」、上野〜万座・鹿沢口間の臨時特急「白根」に使用されることとなった（表参照）。運転開始日は「白根」のほうが早く、1975年12月26日から、「あまぎ」は1976年1月25日からである。
　編成は「あまぎ」が東京寄りから、クハ183形1000番代−モハ183形1000番代−モハ182形1000番代−モハ183形1000番代−モハ182形1000番代−サロ183形1000番代−サロ183形1100番代−モハ183形1000番代−モハ182形1000番代−クハ183形1000番代の10両編成、一方の「白根」は万座鹿沢口寄りからクハ183形1000番代−モハ183形1000番代−モハ182形1000番代−サロ183形1100番代−モハ183形1000番代−モハ182形1000番代−クハ183形1000番代の7両編成だ。
　車両の運用は少々ユニークで興味深い。通常は10両編成を3編成用意しておき、クハ183形1000番代2両、モハ183・モハ182形1000番代1両ずつ計2両、サロ183形1000番代の合わせて5両を予備車として待機させておく。
　3編成は2編成を「あまぎ」に使用、1編成が交番検査という車両運用を組んでいた。使用となる2編成の運用順序を見てみよう。

……………………………

1日目：品川〜回送→東京〜下り2号→伊豆急下田〜上り2号→東京〜下り3号→伊豆急下田〜上り3号→東京〜回送→品川
2日目：品川〜回送→東京〜下り1号→伊豆急下田〜上り1号→東京〜回送→品川

……………………………

という具合だった。臨時列車の下り4号、

「あまぎ」「白根」の運転時刻(1976年2月1日現在)

「あまぎ」

下り

列車番号	号数	始発駅	時刻	終着駅	時刻	運転日
6021M	1号	東京	8:00	伊豆急下田	10:39	季節
3023M	2号	東京	8:50	伊豆急下田	11:29	毎日
3025M	3号	東京	14:50	伊豆急下田	17:34	毎日
8027M	4号	東京	15:10	伊豆急下田	18:02	臨時

上り

列車番号	号数	始発駅	時刻	終着駅	時刻	運転日
6022M	1号	伊豆急下田	11:22	東京	14:00	季節
3024M	2号	伊豆急下田	12:00	東京	14:35	毎日
3026M	3号	伊豆急下田	17:51	東京	20:22	毎日
8028M	4号	伊豆急下田	18:15	東京	20:50	臨時

「白根」

下り

列車番号	号数	始発駅	時刻	終着駅	時刻	運転日
8033M	1号	上野	7:08	万座・鹿沢口	9:30	臨時
8037M	2号	上野	13:07	万座・鹿沢口	15:30	臨時

上り

列車番号	号数	始発駅	時刻	終着駅	時刻	運転日
8032M	1号	万座・鹿沢口	10:02	上野	12:24	臨時
5004M	2号	万座・鹿沢口	17:00	上野	19:23	臨時

　上り4号を運転する場合は、2日目の行程が、品川〜回送〜東京〜下り1号〜伊豆急下田〜上り1号〜東京〜下り4号〜伊豆急下田〜上り4号〜東京〜回送〜品川と変更される。

　さて、休日が運転日であった「白根」を走らせるにはどのような車両運用を組んでいたのであろうか。基本的には交番検査に充当される1編成を使用していたという。交番検査は毎日必要なものではなく、車両キロの多い新潟運転所上沼垂支所でも181系、183系1000番代とも6日に1回の頻度で行われていた。実は車両の運用表に交番検査は記載されており、5日間の行程に加えて1日の交番検査という運用という次第であったのだ。

　田町電車区の183系1000番代の交番検査の頻度は10日に1回程度であったと思われる。その合間を縫って、あるいは休日に交番検査となる場合は、交番検査の日程を調整して「白根」として運転したという。もちろん、7両編成であるので、中間のモハ183形1000番代-182形1000番代-サロ183形1000番代を抜き取る作業も必要だ。

　「白根」の車両の運用順序は品川〜回送→上野〜下り1号→万座・鹿沢口〜回送→羽根尾〜回送→万座・鹿沢口→上り1号→上野〜下り2号→万座・鹿沢口〜回送→羽根尾→回送→万座・鹿沢口→上り2号→上野〜回送→品川というもの。上野〜万座・鹿沢口間は当時178.6キロあり、実は東京〜伊豆急下田間の167.2キロよりも長い。そして、2往復すると714.4キロとなかなかハードな運用となる。

　田町電車区の183系1000番代は冬季になると上野〜石打間の「新雪」も受けもっていた。こちらは10両編成が用いられ、季節列車の「あまぎ」を運転しない日を選んで運転していたとのことで、季節列車の「あまぎ」も「新雪」もどちらも運転しなければならない日は、幕張電車区(現・幕張車両センター)の183系0番代が応援に駆けつけたという。

　ところで、10両編成に予備車となっているモハ183・182形1000番代の電動車ユニット1組を連結すれば、「とき」同様の12両編成となる。臨時「とき」や新潟運転所上沼垂支所配置の車両の故障時などに充当されたのではないかとも考えられるが、よくは分からない。ご存じの方がいらしたらぜひともご教示いただきたい。

（文：梅原 淳）

国鉄直流特急型電車運転物語 4
189系

EF63形との協調運転機構を搭載し、「あさま」用として誕生した189系。信越本線の花形特急として親しまれた。しかし、長野新幹線開業に伴い、首都圏の臨時列車や通勤ライナーなどに活躍の場を移すこととなった。

「あさま」のために作られ最盛期は1日15往復に

EF63形電気機関車と協調運転ができる装置を搭載し、しかも直流区間でしか走ることのできない189系は、特急「あさま」と季節特急「そよかぜ」として使用されるために設計された車両。このようなわけで、製造された車両はすべて長野運転所（現：JR長野総合車両センター）に配属された。

1975（昭和50）年10月より、8両編成（うちグリーン車2両）の181系「あさま」から189系へ置き換えが始まる。当初の189系は10両編成（うちグリーン車2両）だった。

「あさま」から遅れること2カ月。12月からは長野運転所に所属する181系8両の「あずさ」の189系10両化が始まる。181系で運転されていた「あさま」「あずさ」そして「そよかぜ」が189系に置き換わり、「あさま」「そよかぜ」「あずさ」の12両化が完了したのは1978（昭和53）年のことだった。

1982（昭和57）年11月、大宮～新潟間で上越新幹線が開業すると、これまでエル特急「とき」に使用されていた、防寒・耐雪仕様の183系1000番代が大量に余った。

このことを織り込み済みの国鉄は、1979（昭和54）年以降、189系を新造しなかった。そして新幹線開業後、183系1000番代を「あずさ」に投入し、「あずさ」で使用していた189系を「あさま」にまわし、さらに、183系1000番代の一部にEF63形との協調運転装置を取り付けて、189系1500番代として、長野地区に

投入した。

さらに、一部の編成を9両に短縮し、車両を捻出。189系を大量に確保し、1985（昭和60）年3月のダイヤ改正で、急行「信州」を特急「あさま」に格上げ。「あさま」の本数が1日15往復と大幅に増加した。

新幹線の大宮開業まで、上野駅の昼間の主役は「はつかり」「やまびこ」「ひばり」「とき」と、東北・上越方面の特急が担い、開業後は「まつしま」「信州」「ときわ」などの急行や「新幹線リレー号」が主役となっていた。だが、この改正で急行「信州」と同時に、常磐線の急行「ときわ」もすべて特急「ひたち」に格上げ。「あさま」と「ひたち」とが行き交う、特急で賑わう上野駅が復活した。

国鉄最後の1986（昭和61）年11月のダイヤ改正では、「あずさ」の運用が松本運転所（現・JR東日本松本車両センター）に変更され、183系と183系1000番代が転出する。長野運転所に集められた大量の189系、および183系1500番代は、全車両を9両化（普通車8両、グリーン車1両）する。また、この改正で、上野～直江津間を結んでいた急行「妙高」も189系で運転されるようになった。

JR化後の1988（昭和63）年のダイヤ改正では、一部編成を11両（普通車10両、グリーン車1両）に増強。30分～1時間間隔で上野駅を出発するようになった。新幹線開業前の過密ダイヤからようやく解放された、特急「あさま」。その主力である189系は、首都圏を走る在来線特急の花形だった。

しかしこの年、189系「あさま」の廃止への

■ 最後の国鉄直流特急型電車

残雪の浅間山をバックに行く上野発長野行189系特急「あさま3号」。信越本線　軽井沢〜中軽井沢
1978年3月27日　撮影：寺本光照

カウントダウンが始まることとなる。同年6月、日本が立候補を予定している1998（平成10）年に開催される冬季オリンピック、この国内候補地を長野にすると決定したのだ。

 ## 長野オリンピックを転機に居住性を高めてバスに対抗

冬季オリンピック実現に向け、政府は北陸新幹線の高崎〜軽井沢間をフル規格で着工することを決定。1989（平成元）年に新幹線の工事が始まる。

1991（平成3）年6月に、冬季オリンピックの開催地が長野に正式決定すると、8月には北陸新幹線の軽井沢〜長野間もフル規格で建設されることが決定。9月より工事が始まった。

また、新幹線とあわせて高速道路の整備も始められ、信越線に並行する上信越自動車道の工事が着々と進んでいった。

そんなわけで、新幹線の開業とともに「あさま」が御役御免となることが決定的となったのだが、ここで新たな問題が起こった。高速バス問題である。

当時、中央本線の特急「あずさ」では、並行する中央自動車道を走る高速バスとの競争が激化していた。JR東日本は183系「あずさ」のアコモデーションを改造し、居住性をアップさせて、高速バスに対抗していた。

オリンピックに合わせ、長野県内では高速道路の工事が進み、完成したら高速バス路線が開業するのは目に見えていた。

これまでの国鉄流の考え方であれば「鉄道の優勢はゆるがない。もし高速バスに乗客のほとんどを奪われても、新幹線が開業したら戻ってくるので大丈夫」と考え、新幹線の開業まで「あさま」をそのまま走らせていたかもしれない。ところが、分割民営化されてまだ数年。「サービス」を前面に押すJRが、この状況を放置しておくわけにはいかない。

そこで、高速道路が誕生し、バス路線が開業する前にサービスを向上させようと、「あ

さま」改造工事が始められ、1992（平成4）年に工事が完了。グレードアップした11両編成の189系は、普通車（指定席）の座席を交換、シートピッチも拡大、座席の位置も高くし、窓も大きくした。グリーン車も2+2の4列シートから、2+1の3列シートに変更。シートの幅が広がり、居住性が大きく向上した。9両編成のタイプも普通車（指定席）のシートの交換が行われた。

また「あさま」で使用するほとんどの列車（189系、183系1500番代、489系）のカラーを、それまでの国鉄色から、白地にグラスグリーンとグレーの横帯に改めた。

1993（平成5）年のダイヤ改正では、189系を使用していた夜行急行「妙高」が廃止された。しかし、上信越自動車道や長野自動車道が開通し、高速バス路線が開業しても、「あさま」が都内と長野とを結ぶ主役を譲ることはなかった。

そして1997（平成9）年9月30日、北陸新幹線（当時は長野行新幹線）の高崎～長野間開業の前日に、エル特急「あさま」は営業運転を終了した。

長野新幹線開業後は首都圏に進出

定期列車だけで1日19往復も運転されていた「あさま」。そのため、新幹線開業後は大量の車両が余ることになった。

これを機に、長野に集結していた189系、183系1500番代たちの廃車が進められるようになった。廃車を免れた車両は、首都圏や松本に転属。長野に残された車両の多くは普通車6両編成に短縮された。

新幹線開業後、一番恵まれた扱いを受けたのは、11両編成のグレードアップ車だ。車内の居住性が良いことから、水色と白の塗装に変更され、中央本線の特急「あずさ」や「かいじ」として運用された。

松本に転属した9両編成のタイプ（こちらも水色と白に塗装変更）も、「あずさ」「かいじ」だけでなく、首都圏の通勤ライナーや急行「アルプス」として広範囲で活躍した。2002年の運用表によって、最も長い運用を見てみよう。

…………………………………………

1日目：松本～あずさ→新宿～青梅ライナー→青梅→回送→拝島

2日目：拝島～回送→青梅～青梅ライナー→新宿～かいじ→甲府～かいじ→新宿～かいじ→竜王～回送→甲府

3日目：甲府～かいじ→新宿～かいじ→甲府～かいじ→新宿～かいじ→甲府～かいじ→新宿～回送→東京～中央ライナー→高尾

4日目：高尾～中央ライナー→新宿～回送→品川～回送→東京～湘南ライナー→小田原～回送→早川～回送→小田原

5日目：小田原～回送→茅ケ崎～湘南新宿ライナー→新宿～回送→品川～回送→新宿～湘南新宿ライナー→小田原～回送→熱海～回送→湯河原

6日目：湯河原～回送→小田原～湘南ライナー→品川～回送→新宿～回送→三鷹～回送→新宿～あずさ→松本～快速→長野

7日目：長野～快速→松本～あずさ→新宿～あずさ→松本～あずさ→千葉～回送→幕張

8日目：幕張～回送→千葉～あずさ→松本～あずさ→新宿～かいじ→甲府～かいじ→新宿～回送→東京～かいじ→甲府

9日目：甲府～回送→竜王～かいじ→新宿～かいじ→甲府～かいじ→新宿～あずさ→松本

10日目：松本～あずさ→新宿～回送→東京～中央ライナー→高尾～回送→相模湖～回送→高尾～中央ライナー→新宿～回送→東京～中央ライナー→高尾～回送→三鷹

11日目：三鷹～回送→新宿～中央ライナー→高尾～回送→相模湖～回送→八王子～中央ライナー→新宿～回送→東京～中央ライナー→八王子～中央ライナー→新宿～アルプス→

信越本線　妙高高原〜黒姫間を行く189系「妙高」(長野色)。2004年2月25日　撮影:持田昭俊

信濃大町
12日目:信濃大町〜あずさ→千葉〜回送→
幕張〜回送→千葉〜あずさ→松本

このように、松本に所属しながら首都圏の通勤ライナーで活躍し、熱海、千葉、青梅に顔を出すものもあった。

製造から40周年を迎えその去就に注目

長野に残された車両は塗装を変えずに残され、長野〜直江津間の指定席付き普通(一部快速)列車「妙高」に運用された。また、塩尻〜長野間の「おはようライナー」や、しなの鉄道の上田と長野を結ぶ「しなのサンライズ」といった通勤ライナーに使用された。

2002(平成14)年に入ると、「あずさ」「かいじ」のE257系への置き換えが本格化。松本所属の車両が廃車、もしくは首都圏へ転属となった。

2003(平成15)年以降は、長野地区以外では定期運用から外された189系であったが、「ムーンライトながら」「ムーンライト信州」「ファンタジー舞浜」といった臨時の夜行快速列車や、「ホリデー快速河口湖」のような休日に運行される快速として活躍した。大宮総合車両センターに所属した189系のなかには、東武鉄道線に乗り入れる特急「日光」「きぬがわ」の予備車となるものもあった。

2015(平成27)年3月14日、北陸新幹線が金沢まで延長開業した。これによって「妙高」が廃止。長野地区でも189系の活躍の場は減った。

現在、長野と首都圏で、主に臨時列車や団体列車として運用される189系。2015年は製造40年のメモリアルイヤーだが、首都圏で進む185系の653系化や、臨時快速「おさんぽ川越号」の653系による運行、新型の「スーパーあずさ」E353系の導入によりE351系に余剰車が出ることから、臨時列車としての営業運転も、あと数年で終えることとなるだろう。

(文:渡辺雅史)

国鉄直流特急型電車運転物語 5
185系

　185系のデビューは、普通列車としての運用だった。約半年後からは特急「踊り子」として活躍。通勤型でもあり特急型でもあるというこの車両は、通勤ライナーや臨時列車として、その持ち味を発揮することになる。

153系の付属編成として普通列車にデビュー

　1981(昭和56)年、185系は田町電車区(現存しない)に配属された。最初の営業運転となったのは同年3月のこと。15両編成の153系電車の付属編成(5両)を置き換えるという形で、特急型車両にもかかわらず、普通列車でのデビューという寂しいものだった。

　その後、153系の付属編成の置き換えが進み、基本編成(10両)の置き換えも急ピッチで行われた。そして9月には、東京駅を発着する急行「伊豆」と、153系を使用していた東海道本線の普通列車の大半が、オレンジの顔から、白地にグリーンのラインの顔へと変わった。

　10月1日のダイヤ改正では、特急「あまぎ」と急行「伊豆」とを統合したエル特急「踊り子」が誕生。同月には、一部普通列車で運用されていた153系も185系への置き換えが完了。急行「東海」や大垣夜行など、一部の列車を除き、153系が担当していた列車のほとんどが185系での運行となった。

　カラーリングや内装などのデザイン面に加え、特急にも普通にも使うという運用面のどちらも、当時の国鉄としては画期的なことだったのだろう。デビュー当時の185系は『国鉄監修　交通公社の時刻表』1981年10月号でも、このように紹介されている。

　　　　　………………………………

　「アイボリーホワイトにグリーンのストライプが斜めに三すじ。まるで外国の車両のようなデザインの特急電車が東京駅に出入りしています。

　これは185系特急形直流電車で、10月1日から急行「伊豆号」にかわって東京とリゾートゾーン伊豆を直結するL特急「踊り子号」用に開発された新形電車なのです。

　この電車のユニークさは個性的な前面形状や車体の色もさることながら、特急型電車でありながら通勤にも使えるように客室設備や走行機器が作られていることです」(以上、抜粋)

　　　　　………………………………

　また、赤字問題を抱えていた国鉄としては、新型車両投入とともに、マイカーへと流れつつある伊豆への旅行者を鉄道へ戻そうとしたのであろう。このタイミングで「踊り子」、もしくは新幹線の「こだま」が利用できる「伊豆平日往復割引乗車券」「伊豆フリーきっぷ」「伊豆大島フリーきっぷ」を発売している。

　このように、国鉄が力を入れてPRした185系であったが、鉄道ファンの評判は今ひとつであった。特急なのに窓が開くこと、普通車でも簡易リクライニング腰掛が特急型車両の最低限の設備という時代に、転換腰掛を採用したこと、特急らしくないカラーリングといった点が受け入れられなかったようだ。

　そのため、画期的なデザインで、通勤にも使えるよう技術的にも工夫された車両にもかかわらず、鉄道友の会が選定する「ブルーリボン賞」や「ローレル賞」を受賞することはなかった。

「新幹線リレー号のご案内」の横断幕が掲げられた上野駅構内。1982年6月　撮影：持田昭俊

新幹線リレー号として活躍した200番代

　153系急行「伊豆」の特急化が達成されると、今度は上野駅を発着の高崎線系統の急行「ゆけむり」「あかぎ」「草津」で使用される、165系の置き換えが始まった。運行する土地柄から、寒さや雪への対策が施されたため、185系200番代と、東海道本線で使用される185系とは区別された。また、東海道本線では基本編成10両(うち、グリーン車2両)、付属編成5両だったが、200番代は7両編成(うち、グリーン車1両)が基本となった。

　窓下に緑の帯という、東海道本線で使用されたタイプより落ち着いたカラーリングとなった200番代は1982(昭和57)年3月より置き換えを始めた。

　200番代はその後、東北新幹線が大宮〜盛岡間で暫定開業する際、新幹線への連絡列車が必要となったことから、上野〜大宮間の連絡列車「新幹線リレー号」として活躍することとなる。

　1982(昭和57)年6月23日に東北新幹線が開業すると、上野〜大宮間には、200番代2編成をつないだ14両編成の「新幹線リレー号」がデビュー。当初は200番代の製作が間に合わず、急行用の455系や普通用の115系も運用にあたったが、11月15日の上越新幹線の開業までに、200番代14両編成に統一された。

　最盛期には下り28本、上り29本の「新幹線リレー号」が運転され、東海道本線の「踊り子」とともに、首都圏の優等列車の新しい顔として活躍した185系だったが、1985(昭和60)年3月14日、東北・上越新幹線が上野まで開業すると「新幹線リレー号」で使われていた200番代に余剰車が出た。

　そこで国鉄は、東北本線の急行「なすの」や、高崎線の急行「ゆけむり」「あかぎ」「草津」を、定期券でも乗車できる〝新特急〟に格上げし、200番代で運行することにした。さらに、余った4編成を東海道本線に転用。特急「踊り子」の一部列車で使用していた183系を185系に切り替え、全列車を185系に統一した。

通勤ライナーや快速列車として活路を見い出した185系

　見た目はスタイリッシュだが、転換腰掛を使用しているため、特急列車としての評価は

今ひとつ。普通列車としての評価はぜいたく過ぎ。そんな185系だったが、その良さが最大限に発揮できたのは、1986（昭和61）年11月のダイヤ改正で登場した「湘南ライナー」だ。1984（昭和59）年に上野～大宮で回送運転されていた特急車両を、「座って帰れる電車『ホームライナー』」として運転したところ、好評を得た。そこで国鉄は、東海道本線でも「ホームライナー」を運転することを決断したのだ。

「湘南ライナー」と名付けられた、東海道版「ホームライナー」は朝に上り2本、夜に下り4本が設定された。普通車に乗車する場合、乗車整理券300円を払えば確実に座れることから、大好評となった。ダイヤ改正のたびに本数が増え、185系が運行を担った。と同時に、ラッシュ時の乗降に時間がかかり、遅延の原因となることから、185系普通列車を通勤時間帯に運用する頻度は減っていった。

東海道本線の「踊り子」「湘南ライナー」と一部の普通列車、そして上野発着の「新特急」で使われていた185系だったが、JR化後初となる1988（昭和63）年3月のダイヤ改正で「新特急なすの」が減便されたことに伴い、余剰車が発生した。

この改正で、余剰車の一部は、高崎と長野を結ぶ新設の快速「信州リレー号」に使用された。上りは長野を特急「あさま」の一番電車より早い時間に出て、高崎で上越新幹線に接続。下りは最終の「あさま」より遅い時間に上野を出て、上越新幹線に高崎で接続。特急料金のかからない快速電車は、185系200番代を使っていることもあり、利用者より好評価を得た。

また、当時は東京7時25分発の、東海道線の普通伊東行きも、特急料金がかからない「踊り子」として、隠れた人気を誇っていた。「信州リレー号」や「湘南ライナー」の成功で、185系の運用のコツをつかんだのか、JRはその後も「湘南ライナー」の増便や、上野～古河間の「ホームライナー古河」、上越新幹線に接続する臨時普通列車「軽井沢リレー号」と、普通列車よりはサービスを高めたい、という列車に運用されて行った。また、冬季には、都心と上信越を結ぶスキー客専用列車「シュプール号」として活躍した。

95年にようやくリクライニング化

1995（平成7）年より、新前橋電車区（現・JR東日本高崎車両センター）に所属する200番代のリニューアル工事が始まった。特急として運用する際の不満点となっていた転換腰掛を、回転リクライニング腰掛に変更。外部の塗装も白地にグリーンの横帯から、白地にグレー、赤、黄色の3本の縦帯に変更された。運転席下の帯もグレーとなった。

また、1996（平成8）年には、横浜から横浜線経由で八王子へ行き、そこから中央本線に乗り入れ、甲府・松本方面に向かう臨時特急「はまかいじ」を運転するため、田町電車区所属の一部の編成にATCを取り付ける改造が行われた。

田町電車区所属の185系の普通車に回転リクライニング腰掛が取り付けられたのは、1999（平成11）年から2002（平成14）年にかけてである。この際、トレードマークであったグリーンの斜め帯は、オレンジ、グリーンの湘南色による縦帯に変更された。

廃車が始まる一方、上野東京ラインで常磐線に進出

リニューアル工事を終え、優等列車としての価値が高まった185系だが、時代とともに新たな問題が表面化する。

まずは、普通列車での運用だ。東海道本線、高崎線の沿線は、車両開発時に想定して

いた以上に発展した。そのため、デビュー直後より、1両に2ドアしかない車両は、朝のラッシュ時の遅延の原因として問題視されていた。JR化後も沿線の人口は増え、日中の運用においても支障を来たすようになった。

片側3ドアの113系や115系をロングシート車に改造しても、通勤ラッシュ時の乗客をスムーズに輸送するのはそろそろ限界に近くなった。加えて湘南新宿ラインの開業で、少しの遅延が遠くのエリアまで波及する状況となり、185系は東海道本線、高崎線の普通列車からほぼ撤退。乗車券のみで乗れる列車は、先に述べた朝7時台に東京駅を出発する伊東行だけとなってしまった。

続いて起こったのが、車両が頑丈すぎるという問題だ。153系が20年足らずで老朽化してしまったことから、徹底的な腐食対策を施したため、185系は製造から30年経過しても、まだまだ使える車両だった。だが、E657系の登場により651系に余剰車が、E259系の登場で253系にも余剰車が出た。

アコモデーション改造が行われたとはいえ、最高速度110km/hで、国鉄時代に設計された自重もある電車と、最初から特急用として開発され、設計時の最高速度は130km/h、軽量化も図られ、消費電力を抑えた電車。どちらを残すかということになれば、185系の淘汰は仕方のないことだった。

2013（平成25）年の冬より、グリーン車2両を普通車に付け替えた東京～大垣間の臨時快速「ムーンライトながら」で使用され、185系は東海地区にも顔を出すようになったが、2014（平成26）年3月の改正で、上野発着の高崎線系統の特急が一部を除き651系に置き換えられた。また、熱海～伊東間で運転されていた普通列車の運用も廃止され、本格的に廃車が始まった。現在、特急「踊り子」と新宿発着の特急「スワローあかぎ」「あかぎ」、そして通勤ライナーの「湘南ライナー」で定期運用され、臨時では特急「はまかいじ」、快速「ムーンライトながら」でしか見ることができなくなった185系。

だが2015（平成27）年3月14日のダイヤ改正で、上野東京ラインを経由し、我孫子まで乗り入れる臨時の「踊り子」が設定され、常磐線でもその勇姿を見ることができるようになったのは、ファンにとっては嬉しい話である。

（文：渡辺雅史）

東海道本線　二宮～大磯間を行く「湘南ライナー」。1987年6月　撮影：持田昭俊

国鉄直流特急型電車の長い日 1
房総地区にデビューした特急列車 苦難の幕開け

大雨の洗礼に見舞われた房総特急183系

　183系0番代は1972（昭和47）年7月15日、東京・新宿〜安房鴨川間の特急「わかしお」、東京・新宿〜館山・千倉間の特急「さざなみ」として営業を開始した。この日から房総名物の夏ダイヤが施行され、季節列車の運転も行われる。この結果、記念すべき一番列車は「わかしお」は新宿7時15分発、安房鴨川9時47分着の下り1号・特急第6031M列車、安房鴨川7時16分発、新宿9時24分着の上り1号・特急第5022M列車、「さざなみ」は東京7時42分発、千倉10時03分着の下り1号・第6011M列車、館山7時13分発、東京9時09分着の上り1号・第5002M列車となるはずであった。だが………。

　房総特急のデビューは波乱に満ちたものであった。『交通技術』（交通協力会刊）1972年9月号に当時の千葉鉄道管理局長の今野尚氏が寄稿した「週間日記　7月15日前後」を見るとよく分かる。外房線の正式な電化開業日は7月15日だが、当日から海水浴シーズンに入って混雑が予想されるため、2日繰り上げて7月13日に祝典が行われたと記されていた。

　「……飾りつけた183系の祝賀電車が千葉駅の6番ホームに入り、ブラスバンドによる演奏があって、総裁代理の山口常務理事、地元代表の副知事さん、千葉市長さんなどと花束贈呈の儀式があり、発車のテープカット。すこぶる華やかな雰囲気である。天気も上々……」（前掲誌18ページ）と今野管理局長は記す。しかし、このときすでに後に「昭和47年

7月豪雨」と命名される激しい雨が、西日本を中心に猛威を振るい始めていたのである。

　7月5日の高知県内での土砂崩れに始まり、翌6日には熊本県内で山津波（「天草大水害」と呼ばれた）が発生。8日から9日にかけては秋田、青森、山形の各県内で洪水と、被害は東北地方にまで及んだ。関東地方では7月12日に東京都内で洪水、神奈川県内で山崩れが起きたものの、それ以上の脅威は15日に最も接近した台風6号によってもたらされた。

　7月15日の状況について今野管理局長によると、「早朝4時50分、津田沼から初の上り快速電車発車（筆者注：津田沼4時55分発、東京5時24分着）のテープカット。千葉へ帰って初の新宿発の特急（筆者注：千葉8時06分着、8時11分発の下り「わかしお1号」）のテープカット」。しかし、「この頃から台風6号の影響をうけた強雨が横なぐりにホームに叩きつける。はじめて特急が運転される内房線・外房線は、南の方から強風雨による運転規制を開始したと報告が入って来る」（前掲書、19ページ）とある。

　今野管理局長は駅長や運転指令員などに対し、次のような指示を出し続けた。
『絶対に無理な運転はするな。』
『はじめての特急だけは……などと、こだわるな。』
『こんな天候で直通客は多かろう筈はない。列車の運休は特急を優先に。』
『がけ崩れの恐れのある駅には極力列車を抑止するな。』（前掲書、19ページ）

　結局、15日の日記は「台風の影響と、車両

故障などが重なって、輸送改善初日のダイヤは1日中混乱。」(前掲書、19ページ)という文言で終わっている。

Topics 大雨の次は踏切事故が襲う

このように波乱のデビューを果たした183系が最大の苦難を迎えるのが、それから1年4カ月後の1973(昭和48)年11月23日であった。

東京発、館山行きの下り「さざなみ6号」が内房線で踏切障害事故に遭遇してしまう。場所は那古船形～館山間にある第3種踏切道のうちの132踏切、通称・一中踏切。17時22分の出来事であった。

下り「さざなみ6号」は踏切内で立ち往生していた大型トレーラーに衝突。列車はそのままトレーラーを引きずって約100m止まらず、1両目の前寄りの台車の2軸が脱線しながら湊川陸橋の手前でやっと停車した。この事故で乗客450人が将棋倒しとなり、14歳の少年が右足骨折の重傷を負ったほか、入院2人を含む29人が手足の打撲やガラスの破片で手を切るなどの軽傷を負い、近くの病院で手当を受ける。また、クハ183-17に乗務していた運転士も負傷し、負傷者は30人に達した。

現場は館山駅から約2キロの地点。並行する国道127号が当時、現場近くの平久里川に架かる湊橋の改修工事のため、幅約4mの狭い同踏切が迂回路になっていたという。トレーラーは車輪を線路に落とし、動けなくなっているところに183系が衝突した。クハ183-17の先頭部分は、くの字に曲がって凹み、窓ガラスは粉々に割れた。3両目までの各車両もガラスが割れ、車内は足の踏み場もない混乱状態だった。

トレーラーの運転手は事故直前に脱出して無事だったが、過失往来危険及び業務上過失傷害罪で館山署に逮捕された。警察の調べに対し、運転手は「踏切に入った時は、警報機は鳴っていなかった。しかし途中で車体の一部が踏切の段差に引っかかり動けなくなり、大急ぎで懐中電灯を持って線路を走り、近づいて来る電車に合図を送ったものの間に合わなかった」(1973年11月24日付『読売新聞』朝刊、22ページ)と語った。

不幸中の幸いであったのは、停車駅である館山駅に事故地点が近く、列車の速度が落ちていたため転覆が避けられたことだ。ただし、事故現場のすぐ先には内房線の平久里川橋梁(長さ113m)があり、あわや大惨事になるところであった。

ちなみに、トレーラーと衝突したクハ183-17は修繕不可能と見なされ、1974(昭和49)年2月12日付で廃車となる。不足する先頭車を補うため、本来は38両で製造が終了するはずであったクハ183形の増備が1両追加となり、クハ183-39が同-37・38の2両とともに1975(昭和50)年2月27日に近畿車輛で新製された。

(文:東良美季)

「特急衝突 34人けが＜内房線＞」「行楽帰りショック 座席から投げ出される」との見出しで踏切事故を報じた1973年11月24日付朝日新聞。事故の激しさを物語る写真である

国鉄直流特急型電車の長い日 2
キハ181系を助けられなかった381系「しなの」

 新機軸を盛り込んだため最小限の数のみ製造

1973(昭和48)年7月10日、名古屋〜長野間特急として初めて投入された381系電車は、中央西線・篠ノ井線を颯爽と走り始めた。だが、構想段階では一挙に75両を投入して名古屋〜長野間10往復の運行を計画していたが、実際に投入されたのは、9両編成5本と予備車2両の合計47両。

自然振子装置という世界で初めて実用化された機構を搭載しており、コストが高いうえに初期不良も予想されるとして、最低限の数に絞り込まれた。

「しなの」は8往復が設定されたが、大阪直通便1往復を含む2往復は、キハ181系のまま残置された。名古屋〜大阪間の381系対応工事が遅れていたことと、381系にトラブルが続出したときに備えて、実績あるキハ181系を名古屋機関区に据え置いたのである。

万一の場合は、急行編成による特発準備の手配も考慮されたが、結局1往復の運行開始を7月20日まで見送って、運行開始直後の状況を見守ることになった。名古屋〜長野間の所要時間は381系の3時間20分に対し、キハ181系は3時間58分。かろうじて4時間を切っていた。

国鉄当局の心配をよそに、381系は初期トラブルも少なく快調に走り出した。間もなく、乗り心地の問題が露見したが(102ページ参照)、振子装置は期待通りの性能を見せたのである。逆に国鉄を悩ませたのが、たびたびエンジントラブルを起こしたキハ181系

だった。

中央西線にキハ181系がやってきたのは、名古屋と長野を結ぶ特急「しなの」が初めて登場した1968(昭和43)年10月のことである。国鉄初となる、500馬力クラスの大出力エンジンを搭載した新鋭特急用気動車として、名古屋機関区(現・JR東海名古屋車両区)に14両が配置され、1日1往復、名古屋〜長野間を4時間11分で結んだ。

 エンジンを酷使する大阪便「しなの」

だが、キハ181系は運行開始当初から各地でトラブルが頻発した。特に「しなの」が運行している中央西線・篠ノ井線は20〜25‰の急勾配区間が連続し、曲線区間が多いため、絶えず加減速を強いられる。特に大阪便は東海道本線内で120km/h運転を行っており、低速域から高速域まで、エンジンのすべての性能を使う、気動車には極めて過酷な系統だった。

この時期のキハ181系は、全国的にトラブルを頻発させていた。奥羽本線「つばさ」に投入された尾久客車区(現・JR東日本尾久車両センター)所属のキハ181系も、酷使によって空気清浄器が目詰まりを起こしたり、低速運行時に変速機油が過熱して出力低下を招いたりといった事態に直面していた。1971(昭和46)年8月9日には、故障により長野発大阪行「しなの2号」が、キハ181系のままDD51形の重連に牽引されて運行するという珍事が発生している。

381系「しなの」の投入後も、キハ181系「しなの」は、エンジンがたびたび音を上げた。1973 (昭和48) 年11月1日からは、要員不足から食堂車のキサシ180形を外して9両編成となったが、これがエンジンの負荷を若干軽減したのは皮肉ともいえる。多客期を除いて1両減車してエンジン負荷を抑えたり、大阪便を名古屋で打ち切りにして新幹線への振替を手配したりと、必死の対策が取られたのである。

　一方、快調に走る381系は、キハ181系の窮状を知りながら、置き換えを前倒しするといった施策は取れなかった。前述の通り名古屋〜大阪間の381系対応工事が完了していなかったため、東海道本線に入線できないということもあったが、なにより5編成しかない381系自身に余裕がなく、キハ181系を助けようにも助けられなかったのである。この時期の「しなの」は、まさに試練の時代だった。

　1975 (昭和50) 年3月10日のダイヤ改正で、ようやく全便381系に置き換えられると、26両のキハ181系は18両が米子機関区 (現・JR西日本後藤総合車両所) に移って「やくも」の編成増強に、8両は高松運転所 (現・JR四国高松運転所) で「南風」の増発に充当された。

（文：栗原　景）

キハ181系連の特急「しなの1号」。中央本線　宮ノ越〜藪原　1973年2月28日　撮影：寺本光照

国鉄直流特急型電車の長い日 ③
一日に二度の事故に遭遇した急行「佐渡」、そのとき183系は…

巨大な落石に乗り上げた列車

1977(昭和52)年3月8日の20時30分頃、群馬県沼田市岩本町の上越線津久田〜岩本間にて、上野発新潟行き急行下り「佐渡3号」13両編成が落石に乗り上げた。これにより先頭車が線路から約5m下の国道17号に一回転して転落。2両目は下り線上で横転。3両目、4両目が脱線した。

この事故で乗客106人が沼田市内の沼田国立病院や利根中央病院などに搬送され、うち21人が入院、6人が重傷を負う。最終的に負傷者の数は乗客109人、乗務員2人の合わせて111人に上った。

現場は岩本駅手前約2キロの地点。西側に上越線、東側に国道17号が並行して走り、国道の東には利根川が流れ、線路の西側には切り立った崖がそびえている。この崖には以前よりいくつかの浮石が見られ、そのうちの一つが、折からの雪解け水によって地盤が弛み、落下したと思われる。

線路の脇には防砂用のコンクリート壁もあったが、落下した石はなんと直径3.5m、重さ30t以上もあり、壁の上部をあっけなく打ち砕き、その後も大小さまざまな大量の石が落ちた。下り「佐渡3号」はそれらが下り線路上を塞いだところへ激突、脱線して転覆したのである。

翌日に発行された1977年3月9日付『読売新聞』朝刊は、このニュースを「雪解け、夜の線路に大石」という大見出しで、社会面の約4分の3を使って報じている。小見出しは

「佐渡3号　暗黒車内、ガラスの雨」「ドーン、国道に降る客」「血染めのスキー、リュック」と、当夜の恐怖を生々しく伝えるものだ。

乗客のほとんどが上越方面へ向かうスキー客と新潟方面への旅行客で、人々はそんな楽しい行楽から一転、恐怖のどん底へ叩き込まれたという。車内は「ドーン」という激しい衝撃音とともに真っ暗闇となり、悲鳴と叫び声に包まれた。

駆けつけた同紙の記者によると、転落した車両の道路に落下した側は原型をとどめないほどにつぶれ、地面にはスキー客の持ち物、つまりスキー板やストック、血の付いたリュックなどが散乱していたという。

偶然現場を通りかかり、事故の瞬間を目撃した自動車の運転者の証言として、「道路上にドーンと電車が突っ込んで来て、同時に乗客2人が道路上に投げ出された。1人は道路に座り込むような形だったが、1人はまるでゴムまりのように路上ではずんだ」という凄まじい光景も伝えられている。

なぜこのような事故が起きてしまったのかというと、やはり石が落ちた山肌が不安定な状態であったからという理由に尽きるようだ。3月に入って雪はほとんど消えたものの、雪解け水をたっぷり含んでいた。それが3、4日前の戻り寒波でいったんは凍結したが、当日(8日)日中に気温が上昇して溶け、浮かび上がった石の重みに耐えられなくなった。

防砂用コンクリートも通常の石であれば受け止めたであろうが、30tにも及ぶ大石にはひとたまりもなかったのだ。保線区員も毎日

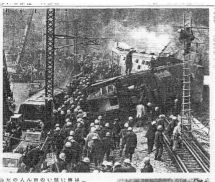

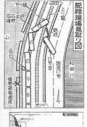

「支柱一本 生命守る」との見出しで落石事故を報じた1977年3月9日付朝日新聞夕刊。掲載された写真からも激しい事故だったことがうかがえる

巡回はしているものの、冬季は山肌が雪に覆われてしまうと確認できず、危険の予測も困難であったとのこと。

上越線の「とき」のなかで事故現場に最も近い場所にいたのは、上り「12号」で、新前橋付近を走行中であった。同列車には181系が充当されており、183系1000番代であれば越後湯沢付近を走行中の下り「12号」だ。

両列車とも事故現場を通り過ぎた後であり、これから通りかかろうとしていたのは、下り181系を使用した「13号」で高崎線新町付近を、上りは183系1000番代の「13号」で越後湯沢付近を、ともに走行中であった。

落石事故の前に起こった幼児死傷事故

この事故について語るとき、下り「佐渡3号」の運転を担当し、自らも重傷を負った運転士の不運ぶりにも触れなくてはならない。実はその運転士は、当日わずか5時間前に幼児をはねてしまうという事故に遭遇していたのだ。

同日15時40分頃、群馬県勢多郡赤城村の奇しくも津久田駅近くの踏切で、新潟発上野行き上り「佐渡2号」を運転していた際、線路を横切ろうとした5歳の男の子をはね、男の子を死亡させてしまった。運転士に過失はなかったものの、自分の運転する電車で子どもを死なせてしまった、その思いはいかばかりであったであろう。

そしてその運転士は上野到着後、折り返しの「佐渡3号」を運転中、この落石事故に遭ったのである。なんという不運、そして皮肉な運命だろう。

(文：東良美季)

国鉄直流特急型電車の長い日 4
伊豆大島近海地震により不通になった伊豆急行線伊豆稲取〜河津間

震度6の揺れによって伊豆急行線が寸断

1978（昭和53年）1月14日12時24分38秒、伊豆大島西岸沖で発生したマグニチュード7.0の地震は、気象庁によって「1978年伊豆大島近海の地震」と命名された。伊豆大島と神奈川県横浜市で震度5を観測。静岡県賀茂郡東伊豆町では、震度6相当の揺れに襲われたという。

翌15日午前0時の段階で、静岡県でバスへの落石、土砂崩れなどにより11人が死亡、15人が行方不明、15人の負傷者が出た。

また国道135号など伊豆半島の主要道路および、伊東〜伊豆急下田間を結ぶ伊豆急行線が各所で寸断。東海道新幹線は地震発生直後に全線がストップしたが、約4時間半後の16時55分に運転を再開。ただし列車ダイヤは終日混乱状態が続いた。

震源に近い伊豆大島では14日夜も地震が続発。前日の1月13日より顕著な前震活動が発生していたため、島民は2日続けて不安な夜を過ごしたという。

以上が1月15日までに判明していた状況である。その後、同年1月21日までに静岡県警および大島警察署が発表した被害は、下田、大仁、伊東、松崎、伊豆大島の5つの地域で死者23人、行方不明3人、負傷者139人。火災は1件。道路の破損は548カ所、山崩れは240カ所。家屋の全壊が89、半壊が514、一部損壊は3740戸に及んだ（後の調べでは死者25人、負傷者211人に増えている）。

なかでも多くの命が奪われたのが、静岡県賀茂郡河津町見高入谷地区で発生した地滑りで、その規模は長さ約300m、幅は約200m、高さ約30mに及び、4世帯、10戸が土砂に埋まり、7人が死亡した。また同じ河津町では、県道を走行中のバスが崖崩れに直撃、運転手を除く乗客3人が死亡、8人が負傷する。

鉄道で最も被害が大きかったのは、やはり先に挙げた伊豆急行線で、1月31日まで伊豆稲取〜伊豆急下田間が不通となり、伊東線から伊豆急行線に乗り入れていた国鉄の特急「あまぎ」、急行「伊豆」「おくいず」はすべて運休となる。

地震発生当時、183系1000番代を用いた「あまぎ」のうち、走行中であったのは上り「2号」の1本のみ。12時24分とは伊豆急行線の伊豆熱川駅を出発時刻であり、もちろん激しい揺れに襲われた。とはいえ、同駅は不通とならなかった伊東〜伊豆稲取間にあり、定時であれば14時35分着となる終着東京にも、遅れながらもたどり着くことができた。

国鉄は翌1月15日以降、伊豆急行線に乗り入れる特急・急行列車の列車ダイヤを引き直し、全列車を東京〜伊豆稲取間の運転とす

地震に伴う土砂崩れで不通となっていた伊豆急の一部復旧を報じる1978年1月31日付読売新聞夕刊

る。当初、183系1000番代の側面の行先表示器には、伊豆稲取行きの方向幕が用意されていなかったため、下り列車には白色の幕を表示し、側面の扉付近にステッカーなどで表示を行っていた。

やがて、伊豆急下田までの開通が長引くことが判明すると、暫定的な表示ではなく正式に「特急あまぎ　伊豆急稲取」と記されたコマが、行先表示器に追加されている。

ちなみに、「伊豆急稲取」という表記は本書の誤記ではない。国鉄は故意あるいは誤ってこのような方向幕を作成している。ローマ字の表記も「FOR IZUKYU-INATORI」であったから、伊豆急行線に乗り入れることを強調するために、あえてこうした表記としたのかもしれない。

さて、1月31日になって、河津〜伊豆急下田間は17両だったが、20日ぶりに運転を再開した。同日付の『読売新聞』夕刊には、「河津、久しぶり電車通学」という囲み記事が掲載されている。記事は「待ちかねていた高校生らが久しぶりに電車で通学を」と始まり、「地震以来、下田市内の県立下田南、北両高校と東伊豆町の県立稲取高校の電車通学生は、通学の足を奪われ自宅学習を強いられていただけに、みなホッとした表情」「しかし、開通とはいっても電車の本数は…（中略）…1時間に1本だけ。しかも、残る不通区間は引き続きバスで代行する不便さもあって、そのまま『知人、親戚宅に身を寄せたり、旅館で"寄宿生活"を続ける生徒も多い』（下田北高関係者）」と続く。

その時点での不通区間である伊豆稲取〜河津間では、稲取トンネル（長さ908m）内の側壁が剥がれ、ひどいところではレールが約50cmも浮き上がっていたという。

結局、伊豆稲取〜河津間の復旧は大幅に遅れ、1月31日から6月15日までの間、東海バスの支援を受けて代行輸送を行った。稲取トンネルは地震発生から約5カ月後に通行可能

になるのだが、復旧工事にあたっていた伊豆急行は3月にもまた自然災害の猛威に襲われる。東伊豆を襲った集中豪雨である。

復旧作業中にも集中豪雨が襲う

同年3月28日、伊豆半島には1時間に30mmを超える雨が断続的に降り、各地で土砂崩れが発生。特に片瀬白田〜伊豆稲取間の線路は13時頃起きた約3000m³にも及ぶ巨大な土砂崩れで埋まり、伊豆急行は伊豆熱川〜稲取間と河津〜伊豆急下田間との運転を中止。多くの乗客が足止めをくった。伊東〜伊豆稲取間は翌日始発から復旧したものの、伊豆稲取〜下田間は引き続きバスで代行することとなった。

最終的に伊豆稲取〜河津間が開通したのは6月15日。この日の5時32分、伊豆急下田発伊東行きの上り一番列車から伊豆急行線、そして東京〜伊豆急下田間の特急・急行列車が走ることとなった。当日、最初に伊豆急行線に乗り入れた183系1000番代は東京8時50分発、伊東10時36分発、伊豆急下田11時29分着の下り「あまぎ2号」だ。

待望の開通に、伊豆急行は会社を挙げて一番列車から幹部と女子社員が乗り込み、「祝・伊豆急全線開通」の文字を入れた花の種を乗客にプレゼント。地震以来電車と代行バスとを乗り継いできた通勤・通学客も笑顔で受け取っていたという。

さらに昼前には、開通を記念して東京から約600人の招待客を乗せた臨時列車「あじさい号」が下田市に到着。地元観光業者たちが歓待して迎え、地震以来沈んでいた南伊豆に久しぶりの笑顔が戻ったそうだ。

ちなみにこの地震と豪雨による伊豆急行線の被害は31カ所以上、復旧にかかった費用は約20億円（現在の貨幣価値に換算して約22億円）と言われている。　　　　　（文：東良美季）

国鉄直流特急型電車の長い日 5
381系乗り心地との闘い

数値上では問題ないはずが実際には乗り物酔いが発生

1973 (昭和48) 年7月10日から運行を開始した381系だが、運行開始直後から思わぬ問題に直面した。すなわち、「乗り心地が悪い」「乗りもの酔いする」といった苦情が多数寄せられ、乗務員にも気分を悪くする者が発生したのである。

これは、国鉄にとって想定外の事態だった。振子電車は、カーブに差し掛かったときにコロの動作によって車体が内側に傾くもので、遠心力を重力によって打ち消す。乗客は外側に引っ張られる力を感じず、乗り心地はこれまでよりも良くなると説明されてきたからだ。

国鉄では、乗り心地の指標として、左右定常加速度、つまり横方向に押される力の定常値を0.08G以下に抑えるよう定めてきたが、381系はこの数値を充分満たし、むしろ従来車よりも良好な成績を残していた。

だが、実際に乗車してみると、特に立っている場合において乗り物酔いをしやすい。なぜなのか……。"揺れる電車「しなの」"は新聞でも報じられ、国鉄はその対応に苦慮することになった。

長野車掌区は、「しなの」の運行開始から間もなくして、車掌に酔い止め薬を常時4～5箱携帯させることにした。一列車につき15～25人に無料で与え、実際に酔ってしまう人も6～7人はいたという。乗客の慣れもあって苦情は徐々に減ったが、1978 (昭和53) 年投入の「くろしお」、1982 (昭和57) 年投入の「やくも」でも、やはり同じような問題が発生した。

国鉄は、「しなの」登場直後から乗り心地向上の対策を検討した。1975 (昭和50) 年からは、数度にわたって381系と165系 (または169系) の揺れを測定・比較している。だが、測定された数値に大きな違いはなく、むしろ381系のほうが良好だった。

空気ばねにも目が向けられた。線路からの衝撃を吸収する空気ばねの剛性が柔らかいために、フワフワと揺れて不快な揺れを増大させているのではないかと考えたのだ。

当時381系では、コンプレッサーの稼働率上昇による異常摩耗が問題となっていた。381系はコロに埃が付着して摩擦が増えないよう、圧力空気を常時コロ室に吹き込んでいるが、こうした振子独自の機構が圧力空気を大量に消費していた。そこで、空気の使用量を減らすことにしたが、同時にこれが乗り心地の向上にも役立つと考えた。

つまり、空気ばねの高さを調整する弁の絞りを、従来よりも狭くすれば、空気ばねが使用する空気が減る。すると空気ばねが硬くなり、不快な揺れを抑制できるというわけだ。実験の結果、絞りを従来の4

mmから2mmにすれば、車体の揺れは半分になり、空気圧縮機の稼働率も大幅に下がることが分かった。

制御付振子装置に発展した 381系の自然式振子装置

だが、こうした対策を講じても、不快な揺れを根本的に解決することはできなかった。381系の乗り心地の悪さは、今日では自然振子装置が構造的にもつ「振り遅れ」や「揺り戻し」に起因するものと考えられている。

自然式振子装置は、機械では振子を制御せず、すべて遠心力によって、コロが回転して車体を傾ける。ところが、コロには摩擦があるため、遠心力が加わってから実際に動き出すまでには必ず時間差が生じる。これが、不快なローリングと感じられたのである。

物体である以上、コロの摩擦をゼロにはできない。増備車ではコロの滑りを良くしたり、立ち客のために背もたれに手すりを設置したりといった対策が取られたが、根本的な解決は不可能だった。

結局、個々の曲線データを蓄積して振子装置を制御し、振り遅れや揺り戻しを防ぐ制御付自然振子装置の開発が決定し、国鉄は1983(昭和58)年から中央西線で新型台車のテストを実施した。大きな成果を得て、1986(昭和61)年12月から日根野電車区(現・吹田総合車両所日根野支所)のHA908編成に搭載して営業運転に投入。これが後のJR四国2000系気動車や383系電車などにつながっていく。381系は1982(昭和57)年の「やくも」導入を最後に、製造を終了した。

381系での経験は後継車両に存分に生かされ、後に登場した車体傾斜装置付車両では、乗り心地は劇的に改善している。2015(平成27)年現在も、洗面所にエチケット袋を常備する381系は、先駆者としての役割を充分に果たしたと言えるだろう。　　　（文：栗原 景）

出雲市発岡山行381系特急「やくも」。屋根上にクーラーがなくすっきりとしたデザインになった。
米子　1984年3月29日　撮影：寺本光照

国鉄直流特急型電車の長い日 6
紀勢本線に381系「くろしお」登場

国鉄離れを食い止めるべく紀勢本線でスピードアップ

　1978(昭和53)年10月2日の全国ダイヤ改正、通称「ゴオ・サン・トオ改正」は、国鉄の厳しい状況を象徴する改正だった。1976(昭和51)年11月6日に国鉄運賃の5割値上げが実施され、利用者の「国鉄離れ」が急速に進行。国鉄では首都圏発の特急列車大増発と、紀勢本線の電化完成をダイヤ改正の2本柱と考えていたが、前者は大幅な計画の縮小を余儀なくされ、東海道新幹線は増発計画がすべて取りやめとなった。

　一方、比較的順調に準備が進んでいたのが、紀勢本線新宮～和歌山間200.6kmの電化である。乗り心地に問題を抱えつつ、特急「しなの」で一定の成功を収めた381系は、今度は海岸沿いを縫うように走る、紀勢本線の特急「くろしお」に投入されることになった。

　紀勢本線は、1959(昭和34)年の全通以来、準急「くまの」、急行「紀州」が名古屋～天王寺間に運行され、1965(昭和40)年3月1日からはディーゼル特急「くろしお」が登場していた。当時の紀伊半島には道路がまだ充分整備されておらず、紀勢本線は主に京阪神地区からの観光需要で賑わっていた。

　しかし、紀伊半島沿岸は、海岸線まで断崖絶壁が迫る海岸段丘やリアス式海岸が続く難所である。紀勢本線新宮～和歌山間は半径400m以下の曲線が全体の30％近くを占めるという悪条件で、キハ80系時代の特急「くろしお」は表定速度50km/h台に留まっていた。

　鉄道が輸送を独占していた時代はそれでもよかったが、1974(昭和49)年10月25日に阪和自動車道阪南IC～海南IC間27.3kmが開通。間もなく自動車との争いが始まることは明らかだった。

　そこで、国鉄は新宮～和歌山間の電化及びCTC(列車集中制御装置)化と、紀伊田辺～和歌山間の複線化による輸送改善を計画。同年12月から工事が開始された。

　工事は順調に進んでいった。まず1976(昭和51)年末に、新たに非貫通タイプとなった381系100番代7両が、訓練編成として鳳電車区(現・JR西日本鳳電車区)に配置され、阪和線で訓練運転が開始されることになった。

　1977(昭和52)年12月には複線化工事が完了。指令所から列車の運行を一括して制御するCTC化も、電化工事とともに77年度末までに完成した。

　381系は83両が新製されて、訓練用の7両とともに新設の日根野電車区(現・JR西日本吹田総合車両所日根野支所)に配置。6月3日から練習運転を開始した。

東西で明暗の分かれたゴオ・サン・トオ改正

　翌週6月9日、国鉄はゴオ・サン・トオ改正の概要を発表した。新宮～天王寺間の電車特急となった「くろしお」は、気動車時代の6往復から季節列車を含み9往復に増発。曲線通過速度は本則＋15km/hとなり、従来4時間29分を要していた新宮～天王寺間は最短3時間52分と、30分以上短縮した。特

381系「くろしお」用先行車。「くろしお」の文字だけのヘッドマークは営業運転では見られなかった。
鳳電車区　1976年12月27日　撮影：寺本光照

全線複線の紀伊田辺～和歌山間では表定速度86.8km/hを記録するなど、381系の性能を存分に発揮するダイヤだった。

一方、上野口の特急は、列車増発と線路保守時間の確保を両立するため、運行ダイヤをパターン化する規格ダイヤを見直し、特急列車をスピードダウンするという異例の措置がとられた。

「国鉄離れ」のために増発規模は縮小したが、線路容量の逼迫のため、スピードダウンしなければならない……。ゴオ・サン・トオ改正は、東西で明暗が分かれたダイヤ改正となった。

ダイヤ改正の実施日は10月2日だったが、実際には改正前の9月15日から、順次キハ80系から381系への置き換えが始まった。改正前日の10月1日には、名古屋発天王寺行き「くろしお5号」が、名古屋～新宮間を気動車、新宮～天王寺間を381系で運行し、乗客は新宮駅で乗り換えとなっている。

国鉄有数の観光特急である「くろしお」は、当時の国鉄にあって久々の明るいニュースだった。9往復でスタートした「くろしお」は1980（昭和55）年10月改正で12往復、1985（昭和60）年3月改正では16往復（うち4往復は485系で運行）と順調に本数を増やしていくのである。

（文：栗原　景）

国鉄直流特急型電車の長い日 7
185系がデビュー、最初は普通列車に使われる

1981年10月のダイヤ改正の目玉

　1981(昭和56)年10月1日、国鉄は首都圏と北海道地区でダイヤ改正を行った。前年の改正では、新幹線「こだま」の本数削減や、山陽本線の夜行列車の削減、九州や北海道地区での急行列車の特急格上げ、一部列車のグリーン車とA寝台車の連結の取りやめなど、赤字脱却へ向け、旅客列車のダイヤに大胆にメスを入れた。

　そのため、1981年の改正は、石勝線開業による北海道地区と、津田沼〜千葉間の複々線化工事完了による首都圏の2地区でのみ時刻が変わるという、比較的おとなしいものとなった。

　時刻表上では地味な改正となったが、本改正では、2種類の特急型車両が本格的にデビューするという、今で言う"撮り鉄"によっては大きなものとなった。ここでデビューしたのが、北海道地区の183系特急型気動車と、首都圏の185系直流特急型電車である。

　この日から、東京〜伊豆方面を結ぶ優等列車は、特急「あまぎ」と急行「伊豆」が統合され、エル特急「踊り子」となった。そして白地に緑の斜め帯という、当時の国鉄としては大胆といえるデザインの新型車が、湘南地区を駆け抜けた。

　本格デビューとなる10月1日の改正では主役となった185系電車。『交通公社の時刻表』1981年10月号の黄色のページ、現在のニュースのページであるところの「いい日旅立ちニュース」では、185系電車について、このように記されている。

　「……外見もニューモード、車内設備も新しい工夫がこらされ、座席の間隔も広く、乗り心地もあらたな、今話題の新形電車"185系形式"が一斉に登場します。

　そこで急行伊豆号と特急あまぎ号は、"踊り子号"一本にまとめられ、東京〜伊豆をL特急として下り10本上り11本が運転されることとなりました……」

急行で使われたのはデビューから2日後

　そんなわけで、ダイヤ改正時にイチオシの車両となった185系だが、営業運転デビューとなった1981(昭和56)年3月は、実に地味なものとなった。

　1981年1月より田町電車区(現・JR東日本東京総合車両センター田町車両センター)に配備されていった185系は、2月から3月にかけて、東海道本線で試運転を行った。

　これまでにないデザイン、そして初の特急兼普通型電車ということで、デビュー前からファンの間では話題となっていた。試運転、回送の様子に多くのファンがカメラを向けた。

　そして3月26日、営業運転デビューとなった。実戦デビューとなり、国鉄が判断した決断は「最初は日中の普通列車で運用する」というものだった。

　153系を普通列車として運用する日に充当された185系は、東京〜小田原間の普通列車として使用された。ヘッドマークに「普通」と

表示されているものの、デッキと客室の間が自動ドアで仕切られた、湘南色でも特急色でもないスペシャルな塗装の列車を見て、当時の乗客は「この車両に乗っていいものなのか」と迷ったことだろう。「グリーン料金を取られるかもしれない」と感じて、この車両に乗ることを敬遠した客もなかにはいただろう。

このように、国鉄が初めに185系を普通列車として運用したのはおそらく、「117系をベースに信用ある部品を使い、試運転も繰り返して万全の態勢で投入するものの、いきなり優等列車として使用して、トラブルが発生したら大事になってしまう」「乗客をある程度乗せて、加減速の具合を確かめたい」「ラッシュ時に使うのは、3月の段階では次期尚早」等の理由があるのだろう。

普通列車デビューから2日後の3月28日、急行「伊豆」の修善寺行編成として優等列車デビューした185系は、4月以降、急行「伊豆」として、そして普通列車として徐々に湘南地区の東海道本線に姿を見せていった。

だが、朝の通勤時間の特に混雑する時間帯に運用されたのは、この年の3月～11月運転された、ごくわずかな本数だったと思われる。なぜなら、『交通技術』1981年10月号(交通協力会刊)の「56・10ダイヤ改正」の7ページにある1981年のダイヤ改正のあらましの記事に、吉田健治・前崎順亮の両氏は次のように記した。

「……2ツドアで運転していた普通列車は、上り20本下り21本であったが、このうち上り9本、下り9本を113系電車(3ツドア)に10月1日から11月1日にかけて順次置き換える。これにより朝上り通勤時6本中3本を113系に置換え、東京着7時56分～9時22分の間、2ツドアの電車はなくなる……」

通勤ラッシュ時を想定し、パワフルな冷房装置を取り付けた185系だが、湘南地区でこの装置がフル回転したのは数えるほどしかなかっただろう。　　　　　（文：渡辺雅史）

沼津発東京行185系普通列車。東海道本線　大井町～大森　1981年7月21日　撮影：寺本光照

国鉄直流特急型電車の長い日 8
東北新幹線の陰に隠れた「やくも」381系化

伯備線電化を飾るも東北新幹線にスポット

1982(昭和57)年7月1日、伯備線倉敷〜伯耆大山間と山陰本線伯耆大山〜知井宮(現・西出雲)間の電化が完成し、岡山〜出雲市間の特急「やくも」に381系が投入された。

かつてはD51形蒸気機関車三重連の撮影名所として有名だった伯備線だが、1972(昭和47)年に山陽新幹線新大阪〜岡山間が開業すると、新幹線と連携して首都圏や関西と山陰地方を結ぶメインルートに昇格。当時はキハ181系を使用する特急「やくも」が岡山〜出雲市・益田間で運行されていたが、スピードアップが課題だった。

輸送需要が小さい伯備線では、当初電化ではなく、新開発のガスタービン動車で高速化する構想があり、山陽新幹線開業直後の72年5月下旬から、高速運用試験気動車キハ391による走行試験が伯備線で行われた。

この車両は、ガスタービンで動くだけでなく381系とほぼ同様の振子装置を備えるなど画期的な技術が投入されていたが、騒音や燃費、信頼性といった課題をクリアできず、第1次オイルショックもあって実用化は見送られた。その結果、倉敷〜知井宮間210.8kmが電化されることになったのである。

名古屋のドル箱系統だった「しなの」、国鉄有数の観光特急だった「くろしお」と異なり、「やくも」の381系投入はかなり地味な話題だった。山陰は有名観光地だったが、南紀・信州ほどメジャーな存在ではなかったし、またビジネス需要も限られていた。何より、運行開始8日前の6月23日に大宮〜盛岡間で暫定開業した東北新幹線の陰に隠れてしまったのが大きかった。

381系の投入によって、岡山〜出雲市間は約30分短縮されて最短3時間12分で結ばれたが、不便になった面もあった。従来はキハ181系「やくも」6往復に加え、急行「伯耆」が岡山〜米子間を2往復していたが、電化後は定期7往復、季節運行1往復とやや減便。益田まで直通していた便は出雲市打ち切りとなり、381系なので食堂車もなくなった。

7月1日、運転開始初日には岡山駅、米子駅、出雲市駅などで出発セレモニーが行われ、音楽隊による演奏や運転士への花束贈呈などが行われた。米子駅の式典には高木文雄国鉄総裁も出席し、紀勢本線以来となる大規模な電化完成を祝ったが、町や利用者の祝賀ムードはそれほど大きくはなかった。全国ニュースや鉄道趣味誌の扱いも、東北新幹線に比べると相当に小さかったのである。

日の目を見なかった出雲電車区の拡張計画

「やくも」への381系投入に合わせて開設されたのが、知井宮駅構内の出雲電車区(現・JR西日本後藤総合車両所出雲支所)である。総工事費116億円を投じて完成した出雲電車区は、配置95両、収用68両対応で計画されたが、配置約500両、収用約220両規模の広大な用地が確保された。

これは、将来山陰本線・福知山線が電化され、京都・大阪方面から直通の電車特急が運

出雲市発岡山行381系特急「やくも8号」。伯備線　豪渓〜総社　1987年1月4日　撮影：寺本光照

行されることを見込んだもの。構想では、最終的に寝台車100両を含む651両を配置する計画だった。

しかし、381系「やくも」の伸び悩みと、国鉄分割民営化後の電化計画見直しによって、拡張計画は日の目を見ることはなかった。2015（平成27）年現在の配置車両は、381系57両と285系21両、クモヤ145形1両の79両。将来の拡張に備えて確保された、本線との間に広がる土地は、今も手つかずのままである。

在来線高速化の切り札として登場した381系は、次世代の制御付き自然振子装置の開発が決まったこともあり、「やくも」用81両の新製増備をもって製造が打ち切られた。183・185系もこの年の増備で製造が終了し、1982（昭和57）年は国鉄の直流特急型電車が新製された最後の年となったのである。

（文：栗原 景）

国鉄直流特急型電車の長い日 9
1982（昭和57）年11月15日、183系1000番代の大配置換え

 183系1000番代はすべて新潟から転属

ついにこの日がやって来た。上越新幹線が1982（昭和57）年11月15日に開業し、国鉄直流特急型電車は転換期を迎えたのだ。

「57.11」と称して上越新幹線開業当日に実施された時刻改正で最も大きな影響を受けた列車は、上野〜新潟間を東北・高崎・上越・信越の各線を経由して運転されていた14往復の特急「とき」である。

東北新幹線に並行する上野〜仙台間の「ひばり」14往復も全廃となったが、すでに東北新幹線開業時の1982年6月23日に行われた時刻改正の時点で6往復が廃止されており、同年11月15日の時刻改正で廃止となった本数は、8往復にすぎない。

受けもっていた「とき」14往復を失い、新潟運転所上沼垂支所（現・JR東日本新潟車両センター）に配置されていた183系1000番代はすべて転属という処置が下される。これからどこにどのように転属していったかを説明していくが、その前に1982年11月15日の時刻改正直前の状況を振り返ってみたい。

新潟運転所上沼垂支所には1982年9月1日の時点で183系1000番代が146両配置されていた。内訳はモハ183・182-1001〜1028、1039〜1058の48両ずつ計96両、クハ183-1001〜1016、1501、1502、1525〜1532の26両、サロ183-1001〜1007、1051〜1054、1101〜1108、1113〜1117の24両である。

これらは、1974（昭和49）年12月28日以来の12両編成を組むことになり、表のとおり、14往復中11往復の「とき」に用いられてきた。編成の数は12編成であり、クハ183形1000番代2両が予備車となる。運用に充当される編成は10編成。9編成が「とき」に用いられ、1編成が交番検査を受けるという内容であった。

車両の運用順序は次のとおりだ。

....

1日目：新潟運転所上沼垂支所〜回送→新潟〜2号→上野〜15号→新潟〜28号→上野〜回送→東大宮旅客車基地

2日目：東大宮旅客車基地〜回送→上野〜7号→新潟〜20号→上野→回送→東大宮旅客車基地

3日目：東大宮旅客車基地〜回送→上野〜1号→新潟〜16号→上野〜25号→新潟〜回送→新潟運転所上沼垂支所

4日目：新潟運転所上沼垂支所〜回送→新潟〜8号→上野〜17号→新潟〜回送→新潟運転所上沼垂支所

5日目：新潟運転所上沼垂支所〜新潟→6号〜上野〜13号→新潟〜回送→新潟運転所上沼垂支所

6日目：新潟運転所上沼垂支所〜回送→新潟〜4号→上野〜11号→新潟〜26号→上野

7日目：上野〜5号→新潟〜24号→上野〜回送→東大宮旅客車基地

8日目：東大宮旅客車基地〜回送→上野〜9号→新潟〜22号→上野〜回送→東大宮旅客車基地

9日目：東大宮旅客車基地〜回送→上野〜3号→新潟〜18号→上野〜27号→新潟〜回送

「とき」の運転時刻（1982年1月1日現在）　　　　　　　　※ ▆▆▆ は183系1000番代の担当、他は181系の担当

下り							上り					
列車番号	号数	始発駅	時刻	終着駅	時刻	運転日	列車番号	号数	始発駅	時刻	終着駅	時刻	運転日
2001M	1号	上野	6:49	新潟	11:02	毎日	2002M	2号	新潟	6:18	上野	10:33	毎日
2003M	3号	上野	7:49	新潟	12:00	毎日	2004M	4号	新潟	6:48	上野	11:03	毎日
2005M	5号	上野	8:49	新潟	13:00	毎日	2006M	6号	新潟	7:48	上野	12:03	毎日
2007M	7号	上野	9:49	新潟	14:00	毎日	2008M	8号	新潟	8:48	上野	13:09	毎日
2009M	9号	上野	10:49	新潟	15:00	毎日	2010M	10号	新潟	9:48	上野	14:03	毎日
2011M	11号	上野	11:49	新潟	16:00	毎日	2012M	12号	新潟	10:48	上野	15:03	毎日
2013M	13号	上野	12:49	新潟	17:00	毎日	2014M	14号	新潟	11:48	上野	16:03	毎日
2015M	15号	上野	13:19	新潟	17:33	毎日	2016M	16号	新潟	12:48	上野	17:03	毎日
2017M	17号	上野	13:49	新潟	18:00	毎日	2018M	18号	新潟	13:48	上野	18:03	毎日
2019M	19号	上野	14:49	新潟	19:00	毎日	2020M	20号	新潟	14:48	上野	19:03	毎日
2021M	21号	上野	15:49	新潟	20:00	毎日	2022M	22号	新潟	15:48	上野	20:03	毎日
2023M	23号	上野	16:49	新潟	21:00	毎日	2024M	24号	新潟	16:48	上野	21:03	毎日
2025M	25号	上野	18:19	新潟	22:30	毎日	2026M	26号	新潟	17:48	上野	22:03	毎日
2027M	27号	上野	19:19	新潟	23:30	毎日	2028M	28号	新潟	18:48	上野	23:03	毎日

→新潟運転所上沼垂支所

　1978（昭和53）年10月2日に行われた時刻改正から、特急列車の号数は下りが奇数、上りが偶数に改められた。したがって、同日以前と比べて1往復増えただけであるのに、号数は一気に2倍以上となり、実際以上に列車が増発されたように見える。

　なお、クハ183形に1500番代、サロ183形に1050番代という番代を、本書ではまだ紹介していなかった。形式解説の記事と重複しない範囲で簡単に説明しておこう。

　クハ183形1500番代とは、クハ183形1000番代に総武本線東京～錦糸町間で用いられているATC-5形を取り付けた車両だ。

　1501、1502の2両は1981（昭和56）年11月に新製されており、1525～1532の8両は1982年3月から同年8月にかけてクハ183-1025～1032から改造されている。改造車の場合、元のクハ183形の車両番号に500を加えたものが新たな車両番号だ。

　新潟運転所上沼垂支所に配置の183系1000番代は、1978（昭和53）年10月2日に実施された時刻改正で、それまでの7往復（1978年6月15日からは9往復を受けもっていた）から、11往復の「とき」を担当することとなった。このときから同所の183系1000番代の編成数はそれまでの7編成（1978年6月15日からは9編成）から12編成へと増やされている。

　ただし、当時はクハ183形1000番代に2両の予備車は存在しなかった。前述のように運用に充当される編成は10編成で、残る2編成が予備となるために、さらなる予備車を用意する必要がなかったのである。

　しかし、1982年11月15日の時刻改正で幕張電車区（現・JR東日本幕張車両センター）に転属となるクハ183形1000番代にはATC-5形を装備させておかねばならない。そこで、先にクハ183-1501・1502の2両を製造して編成に組み込み、8両のクハ183形1000番代を順番に編成から外してATC-5形を取り付けたのである。

　本来、クハ183-1501・1502の2両は製造しなくて済むのならばそうしたいところだが、1982年11月15日の時刻改正とともに車両の移動を完了させるにはやむを得ない措置であった。

　一方のサロ183形1050番代とは、485系のサロ481形から改造された車両であり、1978年10月2日に実施された時刻改正で加わった。

この時刻改正に備えて183系1000番代を増備した際、サロ183形1000番代に関しては新たに製造せず、その時点で余剰となっていたサロ481形を活用することとしたのだ。元の番号は、サロ183-1051がサロ481-90、1052が98、1053が112、1054が133である。
　サロ183形1050番代は電動発電機や空気圧縮機を搭載していない。この観点でもう一度サロ183形の内訳をご覧いただきたい。サロ183形1000・1050番代は11両、サロ183形1100番代は13両となっている。つまり、12編成中、1本はサロ183形1100番代を2両組み込んだ編成となるのだ。
　国鉄にしろJRにしろ、このような場合、三相交流440V・60Hzの電力や圧力空気が足りているからといって電動発電機や電動空気圧縮機を動かさずに営業に用いることはまずない。したがって、12編成中、11編成はいわゆる3MG・3CP編成、1編成は4MG・4CP編成で運転されていたのである。

新潟運転所から長野と幕張へ移動

　新潟運転所上沼垂支所の183系1000番代の転属先は、長野運転所（現・JR東日本長野車両センター）と幕張電車区との2カ所。146両のうち、長野運転所には91両、幕張電車区には55両が転属していった。それぞれの車両基地への移動の状況を見ていこう。
　長野運転所では183系1000番代が新たに9往復の「あずさ」（新宿～甲府・松本間）を受けもつこととなった。
　編成は12両編成で、松本寄りからクハ183-1000番代－モハ183形1000番代－モハ182形1000番代－モハ183形1000番代－モハ182形1000番代－サロ183形1100番代－サロ183形1000・1050番代－モハ183形1000番代－モハ182形1000番代－モハ183形1000番代－モハ182形1000番代－クハ183形1000番代。

サロ183形1000・1050番代と同1100番代との連結順序が、新潟運転所上沼垂支所時代とは入れ替わっている点が特徴だ。
　「あずさ」運用に必要な編成数は7編成。6編成が運用に入り、1編成が交番検査を受けるというもので、転属した91両のうち「あずさ」を担当するのは84両だ。
　内訳はモハ183・182-1005・1009・1014～1016・1019・1021～1024・1027・1028・1039～1049・1051～1053・1055・1057の28両ずつ56両、クハ183-1001～1014の14両、サロ183-1051～1054・1101～1106・1108・1113～1115の14両である。
　サロ183形は電動発電機、空気圧縮機付きとそうでないものの比率が10対4となっている。バランスが合わないが、車両の需給上やむを得ない。国鉄が183系1000番代を設計した際に想定した3MG・3CP編成は4編成、一方残る3編成は4MG・3CP編成となる。
　長野運転所に転属した残り7両はモハ183・182-1058の1両ずつ計2両、クハ183-1015・1016、サロ183-1107・1116・1117で、これらは189系に組み込まれて「あさま」として使用されることとなった。もちろん、183系1000番代のままでは信越本線横川～軽井沢間でEF63形直流電気機関車との協調運転を行えない。そこで改造が必要となる。
　国鉄は改造工事を転属前に行うという原則を立てた。しかし、いま挙げた7両の場合、改造場所が長野運転所に隣接する長野工場（現・JR東日本長野総合車両センター）ということもあり、改造と転属とが同時期となっている。なお、改造後の新形式、番号は次ページの表のとおりである。
　今度は幕張電車区への移動を見てみよう。同区へはモハ183-1001～1004・1006～1008・1010～1013・1017・1018・1020・1025・1026・1050・1054・1056の19両ずつ計38両、クハ183-1501・1502・1525～

1532の10両、サロ183-1001～1007の7両の合わせて55両である。

加えて幕張電車区には、クハ183-1503～1506の4両が、1982（昭和57）年9月から翌10月に新製されて配置となった。同区のクハ183形1500番代の在籍両数は14両だ。ちなみに、これら4両は183系として最後に新製された車両である。

59両の183系1000番代は、183系0番代と同じ9両編成を5編成、それからこの時刻改正で新設された両国～銚子間（成田線経由）の特急「すいごう」用の6両編成を2編成に組み替えられた。

9両編成は安房鴨川・千倉・銚子・鹿島神宮寄りからクハ183形1000番代－モハ183形1000番代－モハ182形1000番代－モハ183形1000番代－モハ182形1000番代－モハ183形1000番代－モハ182形1000番代－サロ183形1000番代－クハ183形1000番代、6両編成は銚子寄りからクハ183形1000番代－モハ183形1000番代－モハ182形1000番代－モハ183形1000番代－モハ182形1000番代－クハ183形1000番代だ。

サロ183形1000番代2両が予備車となっているが、計画では「すいごう」用の編成に組み込んで7両編成で使用される予定であった。9両編成でなく7両編成とした理由は、成田線佐倉～松岸間の線路有効長によるものだ。

車両の転属まで行った段階で6両編成に変えられた正確な理由は分からない。4M3Tの7両編成では、急勾配区間が存在する東京～錦糸町間の地下線を登ることができないから、などとも言われているものの、だからこそ運転区間が両国～銚子間に設定されたのであり、実際のところはグリーン車の利用者が少ないと見込まれたからだと思われる。サロ183形を組み込んでいないため、車掌は運転室に乗務することとなった。

言うまでもなく、新潟運転所上沼垂支所に配置の183系1000番代を12両編成のまま1982年11月14日まで「とき」として使用し、翌日からいま挙げたような編成に組み替えて長野運転所と幕張電車区とで使用することは不可能だ。そこで、時刻改正を前に「とき」の運用や編成を変更して、事前に車両の転属を実施し、車両を受け取った車両基地では編成の組み替えを実施しておくこととなった。

準備が進められた運命の大配置換え

ここから先の記述は、『時刻表』の記載、それから筆者の推測を踏まえたものとしてお読みいただきたい。

国鉄はまず1982年9月6日以降、比較的利用客の少ない「とき4・15号」を運休とした。183系1000番代の使用編成数を減らし、そのぶんを転属させるためだ。同時に予備編成となっている2編成も転属の準備に入る。ただし、予備編成はこれから説明する編成替えに先だって編成を変えておき、編成替え当日に運用途中の編成の代わりに運用に就くという

1982年11月15日の時刻改正で実施された183系1000番代の改造工事

旧形式・旧番号	新形式・新番号	改造場所	改造日	配置
モハ183-1058	モハ189-1558	長野工場	1982年11月27日	長野運転所
モハ182-1058	モハ188-1558	長野工場	1982年11月27日	長野運転所
クハ183-1015	クハ189-1015	長野工場	1983年 1月26日	長野運転所
クハ183-1016	クハ189-1516	長野工場	1983年 1月26日	長野運転所
サロ183-1107	サロ189-1107	長野工場	1982年11月12日	長野運転所
サロ183-1117	サロ189-1117	長野工場	1983年 2月2日	長野運転所
サロ183-1116	サロ189-1516	長野工場	1982年10月 7日	長野運転所

※出典：平岩大貴、『183・189系車歴表』、『RAIL FAN』2014年2月臨時増刊号、鉄道友の会

役割を担う。

　筆者の推測では前述の車両運用は次のように変更となったと思われる。

……………………………………

1日目：新潟運転所上沼垂支所～回送→新潟～2号→上野～17号→新潟～28号→上野～回送→東大宮旅客車基地
6日目：新潟運転所上沼垂支所～回送→新潟～8号→上野～11号→新潟～26号→上野

……………………………………

　以上のようになり、新潟運転所上沼垂支所～新潟運転所上沼垂支所間を1往復する、4日目の運用が姿を消す。この時点で12両編成は12編成で、車両運用に使用される編成の数は9編成（使用8編成、交番検査1編成）となり、3編成が予備編成となる。

　記録を見ると、1982年10月7日にサロ183-1116が改造のために転出し、同年10月10日にはモハ183・182-1005・1051・1053の3両ずつ6両、クハ183-1004・1007の2両、サロ183-1051・1113の2両の計10両が長野運転所に信越本線経由で転出となっている。これら11両は予備編成から充当されたのであろう。

　1982年10月11日の「とき6・13号」から7号車のグリーン車が連結されなくなり、同年10月13日以降は全列車が11両編成で運転されるようになった。ここで注意したいのは欠車となったのはあくまでも7号車であり、編成から外された車両がサロ183形1100番代とは限らないという点だ。

　というのも、同年10月14日に行われた幕張電車区への転出では、サロ183-1002・1003が対象となっていたからだ。これら2両が外された編成は7号車のサロ183形1100番代の号車札が付け替えられて6号車に変身したものと考えられる。

　編成替えは新潟運転所上沼垂支所だけでなく、東大宮旅客車基地でも実施された。1982年10月13日と翌14日の両日、「とき24号」の営業を終えて同基地に入庫した11両編成からモハ183・182形が1両ずつ計2両、2編成分となる、合わせて4両が抜き取られた。これらはモハ183・182-1002・1013・1026・1056と思われ、サロ183-1002・1003と同様に、10月14日付けで幕張電車区に転出した。

　11両編成からモハ183・182形1両ずつ計2両を抜き取り9両編成とする作業は、新潟運転所上沼垂支所でも開始され、1982年10月15日前後には全列車が9両編成となる。編成は新潟寄りからクハ183形1000番代－サロ183形1000・1050・1100番代－モハ183形1000番代－モハ182形1000番代－モハ183形1000番代－モハ182形1000番代－モハ183形1000番代－モハ182形1000番代－クハ183形1000番代。お気付きのとおり、これは幕張電車区の9両編成と同じ姿だ。

　編成から外された車両を中心に、転出は続けられる。1982年10月28日にはモハ183・182-1019の1両ずつ計2両が長野運転所へ、同年11月6日にはモハ183・182-1021の1両ずつ2両がやはり長野運転所へと転出した。

　同年11月12日にはサロ183-1107が改造のために転出、同じ日にモハ183・182-1008・1020の2両ずつ計4両、クハ183-1530・1531の2両、サロ183-1004の合わせて7両が幕張電車区に転出している。

　いよいよ運命の1982年11月14日がやってきた。この時点で新潟運転所上沼垂支所にはモハ183・182形番代が37両ずつ計74両、クハ183形1000番代が22両、サロ183形1000・1050番代が7両、同1100番代が10両の合わせて113両が在籍し、少なくとも9両編成が8編成が存在していたはずである。

　そして、営業に使用される8編成が11月14日に運用を終了する場所の内訳は、新潟運転所上沼垂支所が3編成、東大宮旅客車基地が4編成、上野駅が1編成だ。つまり、首都圏で

運用を終える編成が5編成存在するという点が今回の転属劇のポイントとなる。

筆者が思うに、5編成中4編成は運用終了後または上野到着後、おそらくは東大宮旅客車基地または上野～品川～幕張電車区というルートで回送されたのであろう。

なお、1982年11月15日付で幕張電車区に転出した車両は、モハ183・182-1001・1003・1004・1006・1007・1010～1012・1017・1018・1025・1050・1054の13両ずつ計26両、クハ183-1501・1502・1525・1526・1527・1528・1529・1532の8両、サロ183-1001・1005～1007の4両の合わせて38両と、果たして9両編成4編成分にモハ183・182形1両ずつ計2両という内訳となった。

余分となるモハ183・182形1両ずつ2両は、1982年11月14日に新潟運転所上沼垂支所から始まる「とき2号」または「とき8号」の運用時に編成に組み込み、この日だけは11両編成として走らせたのではないだろうか。

さて、もう1編成は東大宮旅客車基地または上野～品川～新鶴見操車場～新宿～三鷹電車区と回送して翌日の「あずさ」に使用したものと考えられる。ちなみに、11月15日に三鷹電車区を出区する183系1000番代の運用は、三鷹～回送→新宿8時00分発～3号→松本11時46分着、12時48分発～12号→新宿16時25分着、17時00分発～17号→松本20時46分着～回送→長野運転所というもの。長野運転所に帰所した時点で編成替えを行って12両編成としたようだ。

「あずさ」を9両編成で運転しても、そう混乱は起こらない。というのも、幕張電車区所属の183系0番代も使用されていて利用客が慣れているからだ。現に「あずさ3号」は、1982年11月15日以前は183系0番代で運転されていたし、12号と17号は今回の時刻改正で新設された列車なので、編成が短くなったと困惑する利用客などいなかったに違いない。

残念ながら、関係者一同の苦労にもかかわらず、新潟運転所上沼垂支所から長野運転所への転属は時刻改正前までに完了しなかった。転属の記録を見ると、1982年11月16日から11月19日までの毎日、それから改造の名目で同年12月27日、翌1983（昭和58）年1月26日、同年2月2日まで要しているのだ。

改造に伴う車両不足は予備車で充当するとして、1982年11月19日までの間、本来であれば183系1000番代12両編成6編成が担当するはずであった「あずさ」はどのようにして運転していたのであろうか。

考えられるのは、長野運転所の189系の予備編成を用いての代走、そして幕張電車区から183系0番代または移動したばかりの183系1000番代による応援である。実際の様子は今後の課題としておこう。

これで国鉄形の直流特急型電車最大の移動劇は幕を閉じた。新潟運転所上沼垂支所の関係者はほっとした反面、寂しさもひとしおであったであろう。事実、同所は時刻改正に伴って特急型電車は配置されなくなった。1986（昭和61）年に485系が転属してかつての賑わいを取り戻したものの、現在は直流特急型電車の配置はない。

（文：梅原 淳）

お別れが近づいた183系特急「とき」。上越線　後閑～上牧　1982年8月6日　撮影：寺本光照

国鉄直流特急型電車の長い日 10
さよならリレー号、こんにちは新特急

30分ヘッドでピストン輸送

1982(昭和57)年6月、東北新幹線の大宮～盛岡間が開業すると、上野と大宮を結ぶ新幹線の接続列車「新幹線リレー号」の運転が始まった。同年11月、上越新幹線の大宮～新潟間も開業すると、「新幹線リレー号」の本数は大幅に増加した。

そして1984(昭和59)年のダイヤ改正の時点で、「新幹線リレー号」は、下り26本(休日28本)、上り28本(休日27本)となった。当時の時刻表によると「新幹線リレー号」の時刻は、下記のようなパターンダイヤだった。

....
(上野発下り)
　6:17、6:47、7:17、8:17(休日運転)、9:17(休日運転)、9:47～(以降、毎時17、47発)～20:47
(大宮発上り)
　8:22(休日運転)、9:01、9:31～(以降、毎時01、31発)～22:31
....

185系200番代を2編成つなぎ、14両で運転されていた「新幹線リレー号」は、東北、上越へと向かう新幹線利用客を30分ヘッドでピストン輸送していた。

満を持して「新特急」がデビュー

1985(昭和60)年3月14日、東北、上越の両新幹線が上野まで乗り入れると、「新幹線リ

レー号」は役目を終えた。そして大量の185系200番代が余剰車となった。

このことを織り込み済みだった国鉄は、ダイヤ改正前に急行として運転されていた、上野～宇都宮・黒磯間の165系の急行「なすの」を、「新特急なすの」に格上げした。

また、185系200番代で運転されていたエル特急「谷川」、エル特急「白根」、特急「あかぎ」と、165系で運転されていた急行「ゆけむり」、急行「草津」、急行「はるな」を整理。すべて185系200番代での運行とし、列車名を「新特急谷川」、「新特急草津」、「新特急あかぎ」に整理した。

これまでの特急列車は指定席が中心で、定期券に特急券を足すかたちでは乗ることができなかった。また、50キロまでの自由席特急料金は600円(「なすの」が走る東北本線は700円)だった。これを、自由席中心の編成、定期券＋特急券で乗車可能、50キロまでの自由席特急券は500円と急行並みの料金にしたことから、「新特急」と名付けられた185系200番代の特急たちは、3月14日、華々しくデビューした。

「新特急なすの」は、上野～黒磯間を3往復と、上野～宇都宮間を6往復、「新特急谷川」は上野～水上間を5往復、「新特急草津」は上野～万座・鹿沢口間を4往復(うち3往復は上野～新前橋間で「新特急谷川」と併結)、「新特急あかぎ」は上野～前橋間が下り2本(うち1本は上野～新前橋間で「新特急谷川」と併結)、上り1本と、上野～桐生間が上り1本(上野～新前橋間で「新特急谷川」と併結)だった。このように上野駅から、毎日16本の新特

急が運転されたのである。

明暗を分けた
２系統の新特急

　急行料金との差が少ない新特急は、特急格上げによる運賃の実質値上げが続いていたこの時代に、一石を投じるものだった。また、久喜や上尾、桶川など、これまで特急が停車しなかった駅に停車することで、利用者の拡大を図った。

　だが、この新特急の評価は、東北本線系統と高崎線系統で異なる結果となった。

　東北本線系統の「新特急なすの」は、小山、宇都宮と新幹線に接続する駅があり、これまで大宮での乗り換えを嫌って急行「なすの」を利用していた、上野～小山、宇都宮間の利用者が新幹線に流れた。また、久喜から都内へは東武鉄道を利用したほうが安く行けるということもあり、利用客が伸び悩んだ。

　高崎線系統の「新特急草津」は、新幹線とは接続のない吾妻線に乗り入れ、沿線の長野原(現・長野原草津口)は、日本有数の温泉地である草津温泉の最寄り駅であることから、利用客が多かった。「新特急谷川」も、上越新幹線の上毛高原駅からは距離のある群馬県北部の主要都市である沼田を通ることや、終着駅の水上に温泉があり、こちらにも新幹線が通っていないことから、好調な乗車率となっていた。「新特急あかぎ」もまた、新幹線が通らない群馬県の県庁所在地である前橋を通ることから、順調な滑り出しとなった。

　利用客の低迷が続いた「新特急なすの」は、華々しいデビューからわずか3年後の1988(昭和63)年、JR最初のダイヤ改正で、4往復が快速「ラビット」に格下げ。1995(平成7)年に「なすの」の名前を新幹線に譲り、「新特急おはようとちぎ」「新特急ホームタウンとちぎ」として生まれ変わった。

　高崎線系統では、夕方以降の「新特急あか

「『上野発新幹線』きょう開業」「『リレー号』お疲れさま」との小見出しで、東北・上越新幹線の上野～大宮間開業を報じた1985年3月14日付読売新聞。写真は、鉄道ファンに囲まれ上野駅を出発する「新幹線リレー55号」の姿。

ぎ」が「ホームライナー」的な役割を果たし、本数を増やしていった。また、1997(平成9)年に「谷川」の名前を新幹線に譲った水上行の特急が「新特急水上」へと生まれ変わった。

　「おはようとちぎ」「ホームタウンとちぎ」「あかぎ」はホームライナー的特急として、「水上」「草津」は観光地へ向かう特急としてと、列車ごとの個性がハッキリした2002(平成14)年、JR東日本は「新特急」の呼称を廃止した。　　　　　　　　　　（文：渡辺雅史）

国鉄直流特急型電車の長い日 11
回送列車を利用して、座って帰れるライナーが誕生

乗客目線の新しい列車「ライナー」が誕生

　1980年代を知る鉄道愛好者にとって、1984（昭和59）年は非常に印象深い年である。大きな転換点を迎えた日本の鉄道の姿を、次々と目撃することになったからだ。

　これらのうち最大のものは、2月1日に実施された時刻改正と、4月20日に実施された運賃改定とともに国鉄が行った施策である。前者では1日に3204本が運転されていた貨物列車が1534本へと大整理が行われ、後者では幹線と地方交通線との二本立ての運賃制度が初めて導入された。

　そして、もう一つ注目したいのは、それまでの国鉄には見られなかった新しい種類の列車が誕生したことだ。

　その列車とは、6月1日から上野〜大宮間で運転を開始した回第3078M列車と、回第3080M列車の2本である。

　列車番号を見ると大宮から上野までの上り列車のように思えるが、実際は上野発大宮行きの下り列車だ。両列車とも途中の停車駅はない。

　上野発平日の回第3078M列車は、上野19時50分発、大宮20時16分着、回第3080M列車は上野20時20分発、大宮20時46分着で、乗車券や回数券、定期券に加えて300円の乗車整理券を購入する必要があった。

　2本の列車は急遽設定されたのか、『時刻表』1984年6月号には掲載されていない。翌7月号にようやく姿を現し、「土曜・休日運休」、そしてなぜか「5〜8号車にご乗車くだ

さい」と注意書きが付け加えられていた。

　両列車の正体は、上野から東大宮旅客車基地（現・JR東日本大宮総合車両センター）への回送列車だ。回第3078M列車は上野〜直江津間の「あさま18号」、回第3080M列車は上野〜長野間の「あさま20号」を、折り返すついでに営業を行ったもの。乗車可能な5〜8号車のうち、5・8号車は普通車で、6・7号車はグリーン車であり、料金は同じであった。

　回第3078M列車、回第3080M列車が旅客営業を開始した理由は、混雑緩和のためだ。1984年当時、夕方から夜間にかけて発車する上野発の東北・高崎線の普通列車の混雑は、上野出発の時点で180％、赤羽出発時点ではなんと240％にも達していた。

　本来なら通勤電車を増発すればよいのだが、この時間帯にはどうしても189系を東大宮旅客車基地に回送する必要があり、これ以上の増発は難しくなっていたのだ。

　ラッシュ時のホームで、通過列車が来るとあまりよい気はしない。それが回送列車ならなおさらだ。「空車で走るくらいなら人を乗せてほしい」とは誰もが思うことだろう。両列車はまさにこうした要望に応えて誕生した列車なのである。

　実際に両列車とも好評で、連日大賑わいを見せていた。国鉄は当初、2本の列車を合わせた年間の乗車整理券の売上を750万円と見込んでいたという。しかし、運転を開始した1984年6月1日から同年8月31日までの3カ月間で720万円の売上を計上している。

　当時のカレンダーを見ると両列車の運転日数は66日間であったから、1列車当たり平

時刻表に掲載されている3078M列車と3080M列車(白抜きの部分)。「乗車整理券300円が必要です 5〜8号車にご乗車ください」との注意書きが見える(『交通公社の時刻表』1984年7月号)

均182人が利用していた計算だ。座席の数は232なので、利用率は約78％ととても高い。そのためか、運転開始1カ月後の7月5日からは両列車に「ホームライナー大宮」と愛称が付けられた。この"ホームライナー"という名称が、1980年代半ば以降の日本の鉄道を理解するうえで重要なキーワードとなるのである。

「ホームライナー大宮」の運転開始から2カ月後の8月1日からは、総武本線の夕方と夜間のラッシュ対策として、東京〜津田沼間にも2本の「ホームライナー津田沼」(回第34M列車と回第1040M列車)が誕生した。

この列車は183系0・1000番代の特急「わかしお16号」(東京〜安房鴨川間)、同「あやめ10号」(東京〜鹿島神宮間)が折り返し、幕張電車区(現・JR東日本幕張車両センター)まで回送されるついでに営業することにしたもの。「ホームライナー大宮」と全く同じ考え方の列車である。

その後のホームライナーの成長ぶりは、いまさら説明するまでもないだろう。1984年9月1日には「ホームライナー大宮」が1本増発され、阪和線天王寺〜日根野間には381系を用いた「ホームライナーいずみ」が誕生。

1985(昭和60)年3月14日、1986(昭和61)年11月1日、1988(昭和63)年3月13日と、1980年代に行われたダイヤ改正で、いま運転されているライナー列車はほぼ出そろったと言ってよい。

最多の東海道本線で 185系が大活躍

現在、この種の列車が最も多く走っているのは首都圏の東海道本線である。東京・品川～小田原間には「湘南ライナー」が下り9本、上り7本、新宿～小田原間には「ホームライナー小田原」が下り2本、「おはようライナー新宿」が上り3本と合わせて21本が運転されている。使用されている車両は185系、215系、251系の3車種だ。

なかでも185系は「湘南ライナー1・5・11・13・15・17・2・4・10・12・14号」、「ホームライナー小田原21号」、「おはようライナー新宿22号」と下り7本、上り6本を受けもつ。

編成は7両編成が「湘南ライナー10号」と「ホームライナー21号」、10両編成が「湘南ライナー1・11・15・17（金曜日は15両編成）・4・12号」「おはようライナー新宿22号」、10両編成+5両編成の15両編成は「湘南ライナー5・13・17（金曜日のみ）・2・14号」だ。特急列車と普通列車とを兼用可能な185系の本領発揮と言ったところであろう。

1986（昭和61）年11月1日の時刻改正で、185系を用いた列車として誕生した「湘南ライナー」は登場と同時に人気となり、特に朝ラッシュ時に運転される上り列車の乗車整理券は、前日から発売駅で並ぶ人が出るほどとなった。いくら楽に通勤できるとはいえ、毎晩徹夜で並ぶのでは何のための「湘南ライナー」なのか分からない。

そこで、1987（昭和62）年夏以降、月曜から金曜までの5日分の乗車整理券を、日曜にまとめて販売する方式を導入した。だが、これでも毎週土曜日の晩に並ばなくてはならない。そこで、1993年11月から、1カ月分の乗車整理券をまとめたライナーセット券を、乗車月の前月1日の14時から発売するように変更となった。

現在、この取り扱いが行われているのはいずれも上りの「湘南ライナー」「おはようライナー新宿」、そして「おはようライナー逗子」（東京～逗子間）だ。ライナーセット券の発売は毎月1日なので、前日の夕方には発売駅で行列ができるという。

並ぶ人が特に多いのは藤沢駅や茅ケ崎駅で、だいたい100人ほど。藤沢駅では翌朝の7時までに並ぶと窓口で整理券が配られ、これを持っていれば、その日の16時から20時までの間にライナーセット券と交換できるそうだ。

21世紀にもなって、前日から並ばないと乗車できないほどの人気列車が日本にいまだに存在するとは、1980年代の人たちにはとても想像できなかったに違いない。1984年に登場したホームライナーは現代の日本の鉄道を象徴する列車だ。

通勤ラッシュが緩和され、「最後の○○ライナー廃止へ」という見出しが新聞に載る日。この日こそが、ようやく1980年代が終わりを告げる日となるのであろう。

（文：梅原 淳）

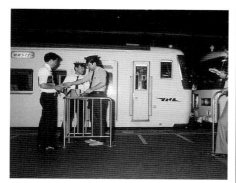

「湘南ライナー1号」のライナー券販売。東京駅 1987年8月5日　撮影：持田昭俊

※『わずかな金額の追加でゆったり通勤～ホームライナーはいつ誕生したのか』、『「80年代鉄道」の再発見』、梅原淳著、中央書院、2004年を再構成して掲載しました。

国鉄直流特急型電車の長い日 12
185系湘南ライナーへ

通勤時間帯には不向きだった185系

　1981(昭和56)年のデビューから5年、185系電車は湘南路を走る特急の顔として定着した。だが、もう一つの顔である普通列車としては、定着とまでにはいかなかった。

　普通列車としては贅沢すぎる車内設備のため、日中に運行される185系は、利用者から好評だった。しかし、通勤時間帯の運用に関しては、2ドアのため乗客の出入りに時間がかかり遅延の原因になったこと、通路まで満員の車内に入ってしまうと、途中駅で降りることが困難であったことなどから、不評を極めた。

　乗客のほとんどが都心の駅で降りるという路線であれば、不満の声は少なかったであろう。だが東海道本線には、横浜や川崎といった乗降の激しい駅がある。そのため、横浜や川崎では、降車する人と乗車する人で185系の車内はごったがえした。

　国鉄は特急「踊り子」のデビューとなった1981年10月の改正で、東京駅に8時台に到着する東海道本線の普通列車から2ドアの車両を全廃し、3ドアの通勤型電車113系に置き換えた。だが7時台に到着する列車や、9時半以降に到着する電車、つまり横浜に9時前後に到着する列車には185系が運用された。

　宅地開発が進むとともに、通勤時間帯に投入される185系の問題は深刻化した。通勤列車としても特急列車としても運用できる効率がいいはずの車両が、通勤時にはまったく使えない車両になっていた。

　一方この頃、夕方に運転される上野〜大宮間の特急型車両の回送列車を、300円の乗車整理券を購入すれば確実に着席して帰宅できる「ホームライナー」として運行するサービスが、好評を博していた。東京〜津田沼間の特急型車両の回送列車も「ホームライナー」として運行を始めたところ、多くの乗客の獲得に成功。国鉄は増収に成功していた。

　そこで、東海道本線にも通勤時間帯に運転される「ホームライナー」を設定、増収につなげようということになった。そして登場したのが「湘南ライナー」である。

「湘南ライナー」として活路を見出した185系

　1986(昭和61)年11月1日、「湘南ライナー」はこうしてデビューした。当時のダイヤは次の通りである。

....

(上り)
▶湘南ライナー2号
　小田原6:21→平塚6:43→茅ヶ崎6:49→辻堂6:53→藤沢6:57→大船7:03→品川7:40→東京7:53
▶湘南ライナー4号
　平塚8:45→茅ヶ崎8:52→辻堂8:56→藤沢9:00→大船9:06→品川9:35→東京9:43
(下り)
▶湘南ライナー1号
　東京20:30→品川20:38→大船21:10→藤沢21:16→辻堂21:20→茅ヶ崎21:24→平塚21:29→小田原21:48

▶湘南ライナー 3号
東京21:30→品川21:38→大船22:09→藤沢22:14→辻堂22:18→茅ケ崎22:22→平塚22:27→小田原22:42

▶湘南ライナー 5号
東京22:30→品川22:38→大船23:08→藤沢23:13→辻堂23:18→茅ケ崎23:22→平塚23:28

▶湘南ライナー 7号
東京23:40→品川23:48→大船0:19→藤沢0:24→辻堂0:28→茅ケ崎0:32→平塚0:37→小田原0:54

……………………………………

画期的だったのは、横浜を通過扱いにしたことだ。現在では、東海道本線を走る「湘南ライナー」「おはようライナー新宿」などのホームライナーや、京浜急行電鉄の座席定員制列車「京急ウィング号」と、ホームライナーが横浜駅を通過するのは当たり前のことだが、当時、ブルートレインをはじめとするすべての列車が停車していた横浜を通過するのは、ありえない発想だった。

乗車できるのは小田原〜大船間の停車駅で、降車できるのは品川と東京（下りは乗車専用駅が東京と品川、大船以遠は乗降自由）と、乗客の乗降をシンプルにしたかったことが、横浜通過につながったのだろう。

また、土休日も同じダイヤで運転されていたというのも特徴だ。これは185系が担当していた朝の上り列車運用と夜の下り列車運用を、普通列車から「湘南ライナー」に格上げした、という経緯から発生したことと思われる。

朝の上り列車でも座れることに加え、185系という特急列車としては少々物足りないものの、通勤時間帯に300円で着席できる列車としては贅沢な車内設備をもつ「湘南ライナー」は、デビュー直後から人気列車となり、ライナー券の発売日には、発売各駅で行列ができた。

デビューからしばらくの間は、通勤列車として失格の烙印を押された185系。だが、1986年11月1日以来、185系は「湘南ライナー」として走り続け、30年近くたった2015（平成27）年現在も、湘南地区の通勤時間帯の顔として走り続けている。

（文：渡辺雅史）

「湘南ライナー」。東海道本線二宮〜大磯　1987年6月　撮影：持田昭俊

国鉄最後の日、直流特急型電車たちは

国鉄直流特急型電車の長い日 13

先頭車改造の主役となった直流特急型電車

1987 (昭和62) 年3月31日、公共事業体である日本国有鉄道は、最後の日を迎えていた。この日をもって国鉄は解体され、翌4月1日から6つの旅客鉄道会社と1つの貨物鉄道会社によるJRグループがスタートする。この時、次ページの表にあるように国鉄には183系、185系、189系、381系の4形式1036両の直流特急型電車が在籍していた。

国鉄の最終年度となった1986 (昭和61) 年度は、短編成化による列車増発が全国的に行われ、中間車から先頭車への改造が頻繁に行われたが、その中心にいたのが、直流特急型電車だった。

183系は1986年8月31日、向日町運転所 (現・JR西日本吹田総合車両所京都支所) のサハ481-117が先頭車改造を受けてクハ182-101となったのをはじめ、向日町のサハ481形8両と金沢運転所 (現・JR西日本金沢総合車両所) のサハ489形2両が、それぞれクハ182形100番代と150番代に改造され、いずれも松本運転所 (現・JR東日本松本車両センター) に移った。長野第一運転区 (現・JR東日本長野総合車両センター) のサハ481形4両も、同様にクハ188形100番代、600番代に改造されている (転属はなし)。

また、11月1日に実施された国鉄最後のダイヤ改正に合わせ、長野第一運転所所属の183系・189系のうち、「あずさ」運用の154両が、幕張電車区 (現・JR東日本幕張車両センター) の6両とともに松本運転所に転属している。

381系「やくも」は「くろしお」へと転身

381系にも動きがあった。「やくも」の利用者が伸び悩む出雲運転区 (現・JR西日本後藤総合車両所出雲支所) の381系は、基本編成を9両から6両に変更し、モハ381形9両をクモハ381形に改造。これで捻出された6ユニット18両が日根野電車区 (現・JR西日本吹田総合車両所日根野支所) に転属し、485系で間に合わせていた「くろしお」を置き換えた。また、「しなの」も民営化後の増発を見据え、神領電車区 (現・JR東海神領車両区) のサロ381形2両に運転台を設置してクロ381形が誕生した。クロ381形が出場したのは2両とも87年3月31日で、これが国鉄最後の新形式となった。

この他、房総特急のモノクラス化などで余

モハ381形先頭車を改造したクモハ381形。増結編成と貫通できるようにクハ480形に準じた貫通型となった

1987(昭和62)年3月31日現在での国鉄直流特急型電車の全車両所属一覧

新前橋電車区　高シマ							
185系	クハ185	モハ185	モハ184	サロ185		合　計	
	24両	24両	24両	12両		84両	
幕張電車区　千マリ							
183系	クハ183	モハ183	モハ182	サロ183		合　計	
	50両	63両	63両	18両		194両	
田町電車区　南チタ							
185系	クハ185	モハ185	モハ184	サハ185	サロ185	合　計	
	38両	39両	39両	7両	20両	143両	
松本運転所　長モト							
183系	クハ183	クハ182	モハ183	モハ182	サロ183	合　計	
	31両	7両	48両	48両	19両	153両	
189系	モハ189	モハ188				合　計	
	9両	9両				18両	
長野第一運転区　長ナノ							
189系	クハ189	クハ188	モハ189	モハ188	サロ189	合　計	
	30両	4両	51両	51両	30両	166両	
183系	サロ183					合　計	
	1両					1両	
神領電車区　名シン							
381系	クハ381	クロ381	モハ381	モハ380	サロ381	合　計	
	20両	2両	29両	29両	8両	88両	
日根野電車区　天ヒネ							
381系	クハ381	モハ381	モハ380	サロ381		合　計	
	30両	42両	42両	12両		126両	
出雲運転区　米イモ							
381系	クモハ381	クハ381	モハ381	モハ380	サロ381	合　計	
	9両	12両	12両	21両	9両	63両	
合　計							
形　式	183系	185系	189系	381系	総　計		
小　計	348両	227両	184両	277両	1036両		

剰となっていたサロ183形のうち、幕張電車区の7両と田町電車区(現在は廃止)の1両が近郊化工事を受けてサロ110形300番代・1300番代となり、3月26日までに田町(2両)、国府津(2両)、大船(4両)の各電車区に転属している。

国鉄最後の年に、新たに25両もの先頭車を迎えた直流特急型電車たちは、3月31日、静かに国鉄最後の日を迎えた。

183系、185系、189系の計759両はＪＲ東日本に引き継がれ、381系のうち神領電車区の88両はＪＲ東海、日根野電車区と出雲運転区の189両はＪＲ西日本の所属となった。そして、多くの車両が一夜にして新しいＪＲマークを貼られ、新会社の初日を迎えたのである。

（文：栗原　景）

国鉄直流特急型電車の長い日 14
七尾線直流電化で485系が183系に

交直両用の車両とすべく485系の機器を利用

1991（平成3）年9月1日、石川県のJR西日本七尾線津幡〜和倉温泉間の電化が完成した。北陸本線は、敦賀以東は交流電化されていたが、交流電化王国。だが、七尾線は拡張が困難な河底トンネルである宝達トンネルなどがあるため、交流電化に必要な絶縁距離がとれず、直流で電化された。

交流電化の北陸本線と直通させるには、交直両用の車両が必要である。特急列車は485系が使用されていたため問題なかったが、普通列車用に、113系電車を交直流両用の415系800番代に改造することになった。

113系に載せる交流用機器を、どこから調達するか。そこで、白羽の矢が立てられたのが、福知山線で特急「北近畿」として運用されていた485系電車である。

新大阪〜城崎（現・城崎温泉）間を結んだ特急「北近畿」は、福知山線と山陰本線福知山〜城崎間が電化された1986（昭和61）年11月1日から運行を開始した。国鉄末期ということもあり車両は新製されず、日根野電車区（現・JR西日本吹田総合車両所日根野支所）や勝田電車区（現・JR東日本勝田車両センター）、鹿児島運転所（現・JR九州鹿児島鉄道事業部鹿児島車両センター）などからかき集めた485系54両が使用されていた。

福知山線・山陰本線は直流電化区間。「北近畿」は当時JRで唯一、直流電化区間だけで運行されている485系だった。そこで、これらの車両から使用していない交流関連機器を113系に移植し、485系は直流専用に改造さ

特急「はしだて5号」。馬堀駅　2011年1月28日　撮影：持田昭俊

れた。

　これがＪＲ西日本の183系こと「183系700・750・800・850・1800番代」で、1990（平成２）年から翌91（平成３）年にかけてまず36両が改造された。

　183系への改造とはいっても、国鉄時代にサハ481形から改造されたクハ182形などと異なり、車両設備の183系化は行われていない。単純に整流器や変圧器といった交流関連機器を撤去したほかは乗降口のステップを塞いだ程度で、１両１ドア構造や運転台上の前部標識灯といった485系特有の車体設備はそのままである。本来の183系とは全く関係がない、異色の存在となった。

とことん改造して車両を大事に使う

　福知山電車区の485系の改造はその後も続けられた。1996（平成８）年の山陰本線園部〜綾部間と北近畿タンゴ鉄道福知山〜天橋立間の電化に際しては42両が改造され、以降も2009（平成21）年まで断続的に実施され、最終的に116両が183系化された。

　1996年以降の改造車は、交流機器の譲渡ではなく、北陸本線などで余剰となった485系の配置転換であり、改造にあたっては交流機器を撤去せず使用中止措置だけに留めて、保守・検修コストを削減した。

　JR西日本の183系は、種車の区分や用途に応じて細かく番代区分が分かれたため、クロハ183形700番代のように１両しか存在しない区分も生じるなど、非常にバラエティに富む体系となった。塗装も、編成ごとにＪＲ西日本特急色、国鉄特急色、国鉄特急色をベースに窓下に赤の細帯を入れたものの３種類が存在した。

　特急「北近畿」は2011（平成23）年に「文殊」などと統合され「こうのとり」となり、287系登場後も183系の運用が存在したが、老朽化のため2013（平成25）年３月に、日根野から移った381系に譲って全車引退した。

　JR西日本の183系は、車両をできる限り大事に使うJR西日本らしい異色の車両だった。全体を把握するのは大変だが、逆に車両好きにとってはパズルのようなおもしろさがあったと言えるだろう。

（文：栗原　景）

485系から改造された183系特急「北近畿」。新大阪駅　2011年1月28日　撮影：持田昭俊

国鉄直流特急型電車の長い日 15
183系は誕生以来の「さざなみ」「わかしお」からついに撤退

Topics 房総特急として30年以上活躍

　長らく活躍を続けてきた幕張電車区の国鉄形の直流特急型電車も、21世紀に入ると老朽化が進んでいった。2004(平成16)年10月16日に実施された時刻改正では東京～上総一ノ宮・勝浦・安房鴨川間の「わかしお」、東京～君津・館山間の「さざなみ」から撤退し、新たに投入されたE257系に置き換えられた。付け加えて言うと、この日に幕張電車区の名称も変更となり、幕張車両センターに改められている。

　翌2005(平成17)年12月10日に実施の時刻改正でも国鉄型の直流特急型電車は撤退を続けた。東京～成東・銚子間の「しおさい」、東京～成田・佐原・鹿島神宮・銚子間(成田線経由)の「あやめ」も255系やE257系に置き換えとなり、ついに幕張車両センターに配置の国鉄型の直流特急型電車はすべての定期運用を失い、大多数は廃車の道をたどる。

　幕張電車区といえば、183系0番代が初めて配置となり、1982(昭和57)年11月15日の時刻改正で183系1000番代も配置となるという、いわば183系の牙城であった。にもかかわらず、本項で「国鉄型の直流特急型電車」と記しているのには理由がある。それは、2004年4月1日現在の幕張電車区の状況を見れば一目瞭然で、183系0番代・1000番代のほか189系も配置となっているからだ。

　具体的な形式と番号とを紹介しよう。モハ183・182形0番代は16～18・25～27・34・35・41～43・48の12両ずつ計24両、クハ183形0番代は3～6・11・12・18・21・22・27～36・39の20両で、合わせて183系0番代は44両だ。

絵入りのヘッドマークがなつかしい183系特急「さざなみ」。錦糸町駅　1987年8月1日　撮影：寺本光照

モハ183・182形1000番代1002・1004・1012・1015・1019・1025・1026・1028・1031・1032・1034・1037・1039〜1042・1044〜1047・1049・1050・1053〜1057の28両ずつ計56両、クハ183形1000番代は1009・1011・1017・1018・1020〜1023の8両、同1500番代は1501〜1506・1526・1527・1529〜1532の12両、サロ183形1100番代は1115の1両で合わせて77両となる。

　189系を見ると、モハ189・188形は1・3・4・7・9〜13・16・23・31・35・37・42・46〜51の20両ずつ計40両、クハ189形0番代は1・13の2両、同500番代は512・514の2両、同1500番代は1516の1両、サロ189形100番代は102・109・112の3両の、合わせて48両だ。

　このように、当時の幕張電車区配置の国鉄形の直流特急型電車の両数は、169両となっていた。これらは9両編成4編成、8両編成12編成、6両編成6編成を組み、クハ183形1000番代が1両予備車だった。

9両編成は255系に合わせてグリーン車を8号車から6号車へと移した編成で、すでに2000(平成12)年12月2日の時刻改正から、定期運用は姿を消している。8両編成は「わかしお」「さざなみ」と「しおさい」の一部とを、6両編成は「あやめ」をそれぞれ受けもつ。

　1972(昭和47)年以来の183系0番代だけで組成された編成は1編成も存在せず、それどころかパンタグラフを搭載する形式が異なるモハ183・182形の0番代と1000番代とが同一の編成に連結された編成が8両編成に4編成存在するといった状況であった。

　ともあれ、「わかしお」「さざなみ」を32年間、房総特急を33年間担当した44両の183系0番代は十二分に活用されたと言ってよいであろう。

　そしてあれから10年6カ月。2015(平成27)年3月14日に実施の時刻改正で房総特急自体に大なたが振るわれ、「わかしお」「さざなみ」「しおさい」は本数を減らされ、「あやめ」は廃止された。

（文：梅原　淳）

6連になった東京発鹿島神宮行183系特急「あやめ」。総武本線　物井〜佐倉
1991年8月9日　撮影：寺本光照

思い出の国鉄直流特急型電車

写真・文　持田昭俊

湊川橋梁を渡る183系 特急「さざなみ」。内房線　上総湊〜竹岡　2000年5月

　昭和47年7月15日、東京駅総武地下ホームが開業すると、真新しい183系特急「さざなみ」「わかしお」がデビューした。当時小学6年の僕にとって通学のために利用していた小岩駅ホームからながめるピッカピカの183系はまばゆいほど新鮮に映った。

　ダイヤ改正前は両国・新宿発着の房総方面の優等列車は全て急行と準急でした。それもキハ58気動車の天下だった。そのような中で183系の登場はまさに画期的な出来事だった。

　初登場から、2年後の昭和49年、181系「とき」にかわって183系1000番台が登場。昭和51年には157系「あまぎ」も183系に追われた。

　その一方、185系は国鉄では初の試みとなる「特急用のほかに通勤用としても使える車両」として昭和56年に急行「伊豆」が登場した。緑の斜めストライプの斬新なカラーリングは私を驚かせた。185系の登場で、153系が追われる形となった。しかし、その185系は2014年から淘汰がはじまり、183系とともに消えゆく運命にある。

　この2つの車両は私たち鉄道ファンにとって脅威の存在であったが、今は愛おしく感じるようになり線路端で彼らの最後の踏ん張りを撮り続けていきたい。

183系特急「あやめ」。総武本線 佐倉〜物井 1991年

381系特急「くろしお19号」。紀勢本線 岩代〜切目 1986年1月6日

黒潮を車窓に紀州路の381系振子の特急「くろしお5号」は元気いっぱい。紀勢本線　紀伊田原～古座　1983年12月31日

八方尾根を背景に381系「シュプール栂池・八方」が駆け抜ける。大糸線 信濃森上〜白馬大池 2001年1月

381系 特急「やくも」。JR化後の一時期、季節列車として高松まで乗り入れた。宇野線 備中箕島〜早島 1989年4月17日

日1往復は大阪発着列車として、東海道本線を走行する381系特急「しなの」。東海道本線　高槻〜山崎　1989年8月29日

先頭車は展望グリーン車のクロ381形。381系 特急「しなの」。中央本線　倉本〜上松　1995年4月

183系特急「あずさ」同士が豪快にすれ違う。中央本線 新府〜穴山 1989年6月7日

189系特急「あさま」がEF63形重連の助けを借り、碓氷峠を登る。信越本線 横川~軽井沢 1991年11月

EF63形重連と協調運転を行う189系特急「あさま」。1991年11月

ブレーキ役のEF63形重連を先頭に189系特急「あさま」が駆け下りる。1991年11月

桃源郷の中を行く189系特急「あずさ」。中央本線 穴山〜新府 2001年4月13日

■最後の国鉄直流特急型電車

185系新特急「なすの」の運転士が指差確認する。東北本線 尾久〜上野 1986年6月12日

台風の接近により高まる波を間近に走る185系 特急「踊り子」 伊豆急行 片瀬白田～伊豆稲取 2006年9月5日

特急草津号50周年記念で湘南色に塗り替えられたOM03編成。現在はグリーン車が外され、元田町塗装になった。185系特急「草津5号」 吾妻線 祖母島～小野上 2011年11月3日

湘南色OM03編成は2009年5月から2013年4月まで見られた。185系 特急「あかぎ4号」 東北本線 さいたま新都心～浦和 2012年6月27日

国鉄直流特急型電車各形式解説 1
183系0番代

国鉄の第2世代の直流特急型電車の第一陣として登場した系列が、183系0番代である。総武本線の地下線乗り入れ、季節によって波動性が高く、普通列車への使用も考慮した片側2扉車と、異端となるグループとなる可能性もあった。

しかし、9両編成19編成171両、廃車となった車両の補充として1両の、合わせて172両の製造と、151系の151両を上回るグループに成長した。

■モハ183形0番代

主制御器や主抵抗器といった主回路の主要機器を搭載する電動車で、同じ番号のモハ182形0番代との間でモハ183形0番代をM車、モハ182形をM'車としたMM'ユニットを組む。

主回路の構成を181系と合わせた結果、パンタグラフも搭載している。屋根高さはパンタグラフ部分はモハ182形やサロ183形と同様に3475mmであるが、AU71A形冷房装置を搭載した部分だけは天井に風道を確保するために3535mmと「高屋根」構造となった。

■モハ182形0番代

同番号のモハ183形0番代とMM'ユニットを組むM'車。1972(昭和47)年から1975(昭和50)年にかけて1～57の57両が製造された。

M'車であるために主回路の主要機器は当初から搭載されず、しかもパンタグラフも載せられていないので、床下も屋根上もがらんとしている。

大多数が国鉄特急色のまま廃車となったが、JR東日本松本運転所(現・松本車両センター)に転属した1・2・11・12の4両は「あ

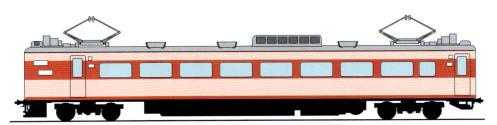

モハ183形0番代

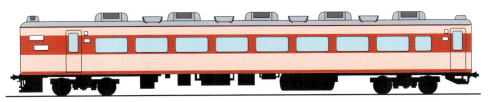

モハ182形0番代

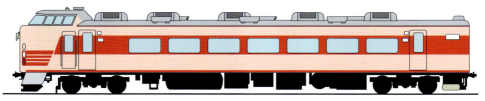

クハ183形0番代

館山発東京行183系特急「さざなみ2号」。錦糸町駅　1976年10月11日　撮影：寺本光照

ずさ」色に塗り替えられ、「かいじ」などで活躍した。

■クハ183形0番代

昼行専用の特急型電車では初めて前面貫通形となった制御車で、以後の国鉄特急のイメージを築いた。

1〜39の39両は大まかに1〜30の初期形、31〜34の中期形、35〜39の後期形に分けられる。外観上の相違点は、窓拭き器が1本アーム式の前期形に対し、中期形、後期形では2連式である点、台車が前期形、中期形ではTR69E形であるのに対し、後期形は耐寒耐雪形のTR69H形となった点などだ。

全車、幕張電車区(現・JR東日本幕張車両センター)から一度も離れることなく、廃車となった。

■サロ183形0番代

183系0番代唯一の付随車。国鉄の特急型電車としては、最初からグリーン車として登場した初めての車両であり、食堂車を連結しない編成に組み込まれることを前提に設計された点も国鉄初だ。

1〜19の19両が製造されたうち、1・5・8・11・14〜17の8両は、1987(昭和62)年から翌1988(昭和63)年にかけて、それぞれサロ110–304・308・305・309・306・307・310・311と、113系近郊型直流電車のグリーン車のサロ110形300番代に改造された。

(文：梅原 淳)

国鉄直流特急型電車各形式解説 2
381系

食 堂車を用意せず3両1ユニットとした381系は、4形式のみで登場した。その後も、振子式車両という特殊性もあって他形式への改造などはなく、全277両と、その構成は他の国鉄直流特急型電車と比べて比較的シンプルだ。

また、製造年次による大規模な仕様変更も少ないが、乗り心地についての苦情が多く発生したこともあり、細かい変更が行われている。

国鉄末期からは、輸送需要の変化や乗客サービスの向上のために、サロ381形を中心に改造が頻繁に行われ、サロ381形は形式消滅したいる。

新製車

■モハ381形

主制御器を備える中間電動車。定員を確保するため、トイレ、洗面所は設置されておらず、座席定員は76人と、在来線の特急型車両では最大を誇る。

モハ380形とともに、1973(昭和48)年5月から1982(昭和57)年6月にかけて、川崎重工業、日立製作所、近畿車輛、日本車輌製造の4社で92両が製造され、うち9両が後述のクモハ381形に改造された。

■モハ380形

PS16I形パンタグラフを2基搭載した中間電動車。電動空気圧縮機などの補助機器類はこちらに搭載されており、主制御器を搭載するモハ381形(またはクモハ381形)とペアで使用される。トイレ、洗面台も備えており、定員は72人。

■クハ381形0番代

「しなの」用に製造された制御車で、全18両。先頭部には両開き式の貫通扉を装備する。1973(昭和48)年5月から1975(昭和50)年1月にかけて、川崎重工業と日立製作

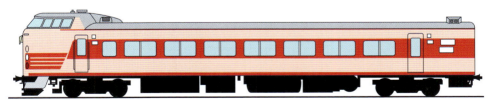

クハ381形0番代

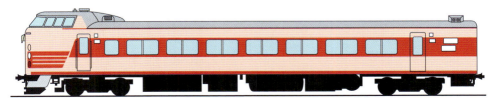

クハ381形100番代

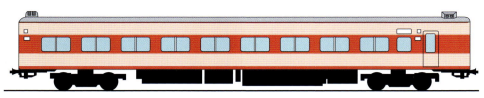

サロ381形

所で18両が製造された。

定員60名で、デッキ部にはトイレと洗面所を備える。車両間の電線をつなぐ引き渡し線が左右両側に付いており(両渡り)、奇数向き、偶数向きどちらの方向にも使用できる。

1974 (昭和49)年増備の2次車では、乗り心地改善のため床構造の金属化や、座席の背もたれに取手の取り付け、モケットの難燃化といった仕様変更が行われた。

■クハ381形100番代

1976 (昭和51)年の増備車から採用された、非貫通タイプの制御車。これによって乗務員室の機器配置を見直したほか、0番代では手動式だった列車愛称名表示装置を自動式に変更した。

1976 (昭和51)年11月から1982 (昭和57)年6月にかけて、川崎重工業、日立製作所、近畿車輛、日本車輌製造の4社で44両を製造。紀勢本線の「くろしお」や伯備線「やくも」に投入されたほか、「しなの」の増発用にも充当された。

■サロ381形

定員48名のグリーン車。唯一の付随車として登場した。1971 (昭和46)年6月から1982 (昭和57)年6月まで、川崎重工業、日立製作所、近畿車輛、日本車輌製造の4社で31両が製造された。

客室、便所、洗面所のほか、車内販売の準備室と車掌室を備える。客室の座席窓は、一見普通車と同じ2列ごとの大型窓に見えるが、1列ごとに支柱が入っており、独立した窓となっている。

後年の編成見直しで、すべての車両がクロ381形やサハ381形などに改造され、2011 (平成23)年度に形式消滅した。

改造車

■クモハ381形

381系唯一の制御電動車。国鉄末期の1986(昭和61)年、従来9両編成だった「やくも」を基本6両とし、多客時に3両を増結するなど弾力的な運用を行うため、モハ381形から9両が改造された。

貫通扉が設置されたが、クハ381形0番代の両開きと異なり、増結作業時の簡便性を考慮して1枚開戸を採用している。座席定員は64人。

■クロ381形0番代

1988(昭和63)年3月のダイヤ改正で、「しなの」は短編成化と増発を行うことになり、制御車が不足するため、1987 (昭和62)年にサロ381形から7両が改造された。

サロ381形時代の車販準備室と車掌室が撤去され、前位寄りにクモハ381形と同じ運転台が追加されている。座席定員は44人。

■クロ381形50番代

1988 (昭和63)年3月改正の増発によってグリーン車が不足するため、クハ381形0番

代5両がグリーンに格上げ改造された。

客席窓はクハ381形時代のままで、一部座席と窓が合わない。座席定員は44人。

■クロ381形10番代

「しなの」のサービス向上を図るため、前方展望を楽しめるパノラマ車が企画され、1988(昭和63)年にサロ381形から3両が改造された。

381系初の低運転台となり、先頭部は事故時の安全性を考慮してアルミ合金製から鋼製に変更。

改造前に、低運転台で振子装置を動作させた場合の運転士の疲労度の変化や、重心位置の変更による影響などが検証された。

座席定員は44名。前方はパノラマ席として、ハイデッカー化などが行われた。

■クロ380形

「スーパーくろしお」と「スーパーやくも」の登場に合わせ、1989(平成元)年と1994(平成6)年にサロ381形から7両が改造されたパノラマグリーン車。

「しなの」用のクロ381形10番代とは逆側に運転席を取り付け、車販準備室と車掌室はトイレ・洗面台に改造された。座席定員は32人。

■クハ381形500番代・モハ380形500番代

白浜駅で増解結を行う「スーパーくろしお」用に、クハ381形100番代とモハ380形に、作業員なしで分割・併合が可能な自動解結機を追加設置したもので、1990(平成2)年から翌年にかけてクハ381形5両、モハ380形3両が改造された。定員などの変更はない。

■サハ381形0番代・200番代

「くろしお」「やくも」のリニューアルに際して、1998(平成10)年から2011(平成23)年にかけてサロ381形から14両が改造された普通車で、座席定員は52名。

「やくも」用の7両にはデッキに喫煙室が設けられ、200番代の形式番号が与えられたが、在来線特急の禁煙化により、2007(平成19)年に閉鎖されている。

■クロ381形100番代

「くろしお」「やくも」の内装をリニューアルした際に、グリーン車の位置を後述のクロ380形と合わせるために、1998(平成10)年から2011(平成23)年にかけてクハ381形100番代から15両が改造された。

シートはグレードアップ後の3列シートで、座席定員は32人。

■モハ380形200番代

「やくも」のリニューアル(「ゆったりやくも」)に伴うグレードアップ工事で、サハ381形200番代と同様に喫煙室を設けたもの。

なお、グレードアップ工事では窓側座席下の空調ダクトが撤去されるなど、室内スペースにも改善が加えられた。座席定員は56人。

(文:栗原 景)

クロ380形

国鉄直流特急型電車各形式解説 3
183系1000番代

　183系0番代の耐寒耐雪強化版である183系1000番代は、185系として製造してもよかったのかもしれない。だが、結局は183系に押し込まれて新しい系列とはならなかった。

　181両が製造され、改造で加わった18両を含めると延べ199両と、手本となった0番代の172両を上回る勢力となったこのグループは、上越新幹線の開業後、183系0番代との距離を縮めていく。あと20年もすると、両者の相違点は歴史に埋もれてしまうのかもしれない。

新製車

■モハ183形1000番代

　183系1000番代の電動車で、主制御器を搭載しているために新性能国電の形式命名の法則に従って、M車を名乗る。0番代とは異なり、パンタグラフを装着していない。

　1001～1058の58両が、1974(昭和49)年から1978(昭和53)年にかけて、モハ182形1000番代とともに登場した。

　なお、1982(昭和57)年から1985(昭和60)年にかけて、1016・1021・1048・1058の4両が、モハ189形1500番代の、それぞれ1516・1521・1548・1558へと改造されている。

■モハ182形1000番代

　MM'ユニットの一翼を担うM'車として設計された。機器の分散配置という設計方針に基づき、2基のパンタグラフが搭載されている。新性能国電の系列のなかで、M車、M'車のどちらにもパンタグラフを搭載する形式の車両が含まれる系列は183系だけだ。

　パンタグラフに始まる高圧線は、モハ183形の主回路をはじめ、クハ183形1000番代やサロ183形1100番代の電動発電機、および電動空気圧縮機向けにも通されている。

■クハ183形1000番代

　非貫通形構造の運転室を備えた制御車。前面の2位側には、電動発電機と空気圧縮機の冷却風を採り入れるための開口部が設けられている。

　方向転換不能な構造で製造されたクハ183形0番代に対し、クハ183形1000番代では制御回路用のKE70形電気連結栓を前面の1位側、2位側の両側に装着しているので方向を

モハ182形1000番代

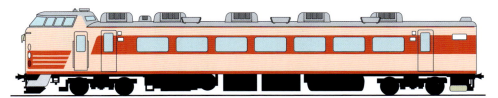

クハ183形1000番代

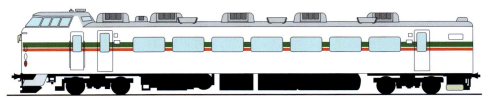

クハ183形1000番代（グレードアップ車旧色）

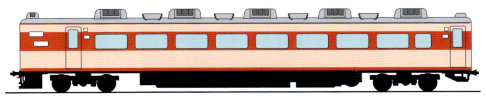

モハ183形1000番代

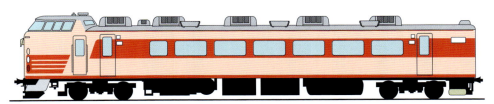

クハ183形1500番代

転換することが可能だ。

　1001〜1032の32両が製造され、1982(昭和57)年に1025〜1032の8両はクハ183形1500番代に改造された。

■クハ183形1500番代

　総武本線東京〜錦糸町間の地下線で使用するために、クハ183形1000番代にATC-5形を取り付けた制御車。同区間では車体とトンネル側壁との間が左右それぞれ400mm以上離れているため、前面に貫通扉は設けていない。車両の向きはATCによって定められるため、方向転換できない構造となった。

　1501〜1506の6両は1982(昭和57)年に新製され、1525〜1532の8両は、同年にクハ183-1025〜1032から改造されたことに

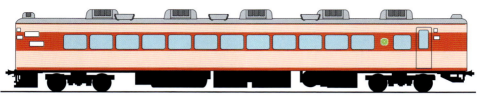

サロ183形1100番代

よって誕生している。

■サロ183形1000番代

グリーン車で車内販売準備室などを備え、電動発電機、空気圧縮機は搭載しない。1001〜1010の10両が1975(昭和50)年まで製造された後、以降の増備はサロ183形1100番代や改造車のサロ183形1050番代に引き継がれた。

1985(昭和60)年に1005がサロ189-1505に、1987(昭和62)年に1003・1006・1007・1009がサロ110-1301〜1304に、1991(平成3)年に1008がクロ484-2(「リゾートエクスプレスゆう」)にそれぞれ改造されている。

■サロ183形1100番代

サロ183形1000番代と同一の車体に、容量210kVAのMH129-DM88形電動発電機と、1分当たりの能力2000ℓのMH113B-C2000MA形空気圧縮機とを、床下に搭載した。編成としての補助電源、圧力空気の供給能力を高めるとの思想のもと、初めて製造されたグリーン車だ。

1101〜1117の17両が登場。1982(昭和57)年と翌1983(昭和58)年には、1107・1117がサロ189-1107・1117に、1983年に1117がサロ189-1516にそれぞれ改造された。

改造車

■クハ183形100番代

1985(昭和60)年と翌1981(昭和61)年に、サハ481形100番代またはサハ489形0番代の後位に、クハ183形1000番代と同じ運転室を取り付けて誕生した制御車である。

種車の床下に搭載の空気圧縮機は運転室内に移設され、電動発電機は元サハ481形100番代車は流用、元サハ489形0番代車は新設した。元サハ481形100番代車の前位にあった車内販売準備室は、客室に改められている。奇数向き専用車で、101〜105の5両が改造された。

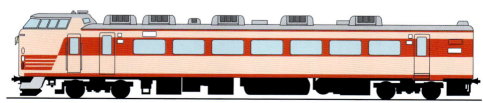

クハ183形150番代

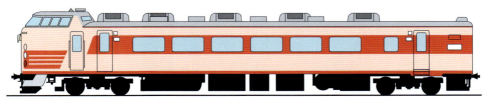

クハ182形0番代

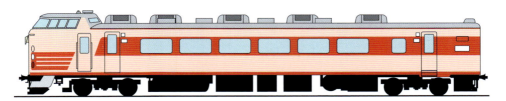

クハ182形100番代

■クハ183形150番代

サハ489形0番代の後位に、クハ481形1000番代と同形状の運転室を取り付けた制御車。全長は21000㎜のクハ183形1000番代に対し、クハ481形と同じ21250㎜である。

電動発電機は、容量160kVAのMH135－DM92形を新たに床下に装着したほか、空気圧縮機は種車のものを引き続き床下に装着したので、運転室内に雪切室は設けられていない。

1986（昭和61）年に、サハ489－8・9から151・152へと2両が改造された。やはり奇数向きに限定されている。

■クハ182形0番代

1985（昭和60）年にサハ481形100番代の後位にクハ183形1000番代と同じ運転室を取り付けた制御車で、1・2の2両が改造された。

種車の床下に搭載した電動発電機はそのまま使用され、空気圧縮機は運転室内に移設されている。種車の前位にあった車内販売準備室が残されたので定員は48人と、183系1000番代の他の制御車より8人少ない。方向転換が可能ながら、偶数向き車として設計され、行先表示器の設置間隔が隣の車両と近いことから撤去された。

■クハ182形100番代

サハ481形100番代の後位にクハ183形1000番代と同形状の運転室を取り付けて誕生した制御車。101～105の5両が1986（昭和61）年に改造された。

クハ182形0番代と同じく方向転換可能な偶数向き車であり、電動発電機や空気圧縮機は流用されたものの、車内販売準備室はなく、定員は56人だ。クハ182形0番代では撤去された行先表示器は、前位の客用窓上に設けられた。元485・489系の改造車は、いずれも後部の出入台に種車の踏段つまりステップが残る。

（文：梅原 淳）

国鉄直流特急型電車各形式解説 4
189系

　183系の設計を見直し、耐寒耐雪面で強化された183系1000番代。これを横川～軽井沢区間で12両運転できる車両に仕上げるため、EF63形電気機関車との協調運転装置を搭載し、連結器まわりを強化した本系列は、189系と名付けられた。横軽区間で使用する直流型特急電車と、目的がハッキリしているため、新造車のすべてが長野運転所(現・JR東日本長野総合車両センター)に配属された。

　155両が新造された本形式は、新宿～松本の「あずさ」に一時期運用されたものの、1997(平成9)年9月までは、ほとんどの車両が「あさま」もしくは、上野～中軽井沢間の夏季の臨時特急「そよかぜ」に使用された。

　1997年10月、北陸新幹線が長野まで開業し(当時は長野行新幹線)、信越本線の横軽区間が廃止されると、存在意義を失ってしまった189系は、臨時列車用の予備車として直流区間の各地へ散っていった。

　そして、横軽区間を9両以上で運転できるというアイデンティティーを失った189系は、各地で183系や183系1000番代と同様の扱いを受けることとなった。

新製車

■モハ189形

　189系の電動車で、モハ188とユニットを組む車両。MM'ユニットのMを担当。1975(昭和50)年から1979(昭和54)年にかけて52両が製造された。14両が日本車輌製造製で、38両が川崎重工製。AU13EN形の冷房装置を5機搭載している。定員68名の普通車。

■モハ188形

　モハ189形とユニットを組む、MM'ユニットのM'車として作られた。2基のパンタグラフが搭載されている。冷房装置はモハ189形と異なり、大型のAU71A(1978年製のものからはAU71B形冷房装置に変更)が搭載されている。定員はモハ189形と同じで、1列4人×全17列の68名。

■クハ189形0番代

　横軽区間では長野寄りの車両に連結される、非貫通形構造の運転室を備えた制御車。横川→軽井沢の上り勾配区間では、EF63形が後ろから推進運転を行うため、本車両の運転士が協調運転中、前方を警戒しなければならない。そのため運転席には、推進運転をする電気機関車の運転士に危険を知らせるため

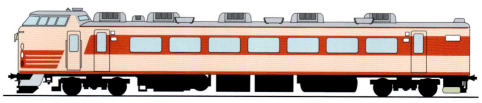

クハ189形0番代

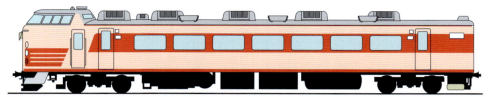

クハ189形500番代

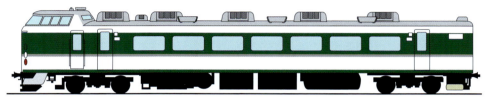

クハ189形500番代

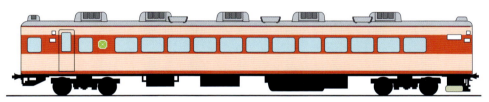

サロ189形10番代

の弁(車掌弁のようなもの)を取り付けた。

■クハ189形500番代

横軽区間では上野寄りの車両に連結される、運転室を備えた制御車。EF63形と連結するため、クハ189(1〜14)とは連結部の仕様が異なる。また、連結・解放を頻繁に行うため、連結器まわりが強化された。協調運転用のジャンパ連結器も搭載。上野寄りと長野寄りとで役割が大きく変わるため、クハ189系は0番代と500番代の2種類に分類された。

■サロ189形0・100番代

100番代は空気圧縮機が取り付けられているのが特徴の、グリーン車。横軽区間では、安全上の問題から、全編成の台車の空気ばねを抜いて運行するため、長野方面の電車は軽井沢で、上野方面の電車は横川駅で、台車の空気ばねに圧力空気を入れ直す必要があった。この空気入れ作業を少しでも短縮するため、一般型の特急車両では普通車にしか配備しない空気圧縮機を搭載した。

100番代は加えて210kVAの電動発電機を搭載している。

改造車

■クハ189形1500番代

1982(昭和57)年、上越新幹線の開業によって、余剰車となったクハ183-1016を改

←軽井沢方

クハ189形＋EF63形＋EF63形

長野発上野行189系特急「あさま51号」。信越本線　軽井沢～中軽井沢　1978年3月27日　撮影：寺本光照

横川方→

造した車両。183系1000番代は、当初より上越新幹線開業後は「あさま」として使う計画があったため、運転台に協調運転機器を組み込むスペースを用意するなど、改造が容易に行えるよう設計されていた。

■モハ189形1500番代

183系1000番代の電動車を改造。モハ188形1500番代とユニットを組む。MM'ユニットのMを担当。

■モハ188形1500番代

パンタグラフと大型のエアコンが1機搭載された183系1000番代の改造車。0番代には、一部に開閉できる窓があったが、1500番代にはない。

■サロ189形1500番代

前述の通り、横川駅および軽井沢駅で台車に圧力空気を入れる作業を短くするため、サロ183系1000番代に空気圧縮機を追加した。

■サロ189形50番代

1978(昭和53)年と、翌年にサロ481形を改造した形式。サロ189形1500番代と同様、空気圧縮機を追加搭載した。グリーン車の減車に伴い、1989(平成元)年に普通車、サハ481系300番代に再改造され、常磐線の勝田電車区(現・JR東日本勝田車両センター)へと転出した。

■モハ189形500番代・モハ188形500番代

485系の電動車ユニット、モハ485形とモハ484形から、交流関係の電気機器を取り除いて作られた車両。1982(昭和57)年から翌年にかけて189系に組み込まれた。

189系の普通車は簡易リクライニングシートを使用しているが、この車両は回転クロスシートを使用している。2002(平成14)年までに廃車。

■クハ188形100番代

「あさま」の一部編成を9両に短縮し、捻出された車両で新たな編成を作って運転本数を増やそうと、1986(昭和61)年、サハ481形を改造して作られたのが本形式。

0番代はクハ189系0番代同様、横軽区間では長野寄りの車両に連結されているため、EF63の運転士に危険を伝えるための弁が付けられている。

■クハ188形600番代

クハ188形0番代と同様の経緯で、サハ481形を改造。こちらはEF63形と連結する側の車両なので、協調運転用のジャンパ連結器が装備されている。

(文:渡辺雅史)

国鉄直流特急型電車各形式解説 5
185系

国鉄末期に設計・製造された本形式は、普通列車としても特急列車としても使えるという、運用上の効率の良さと、腐食対策を徹底的に施した、これまでにない車両の丈夫さがウリの車両だった。

赤字が問題となっていた時期に、新型車両を製造するには、「今、作らなければならない理由」と「納得できるアピールポイント」を示すことが重要だ。そこで、153系の老朽化と、20年ほどで老朽化した153系の反省をふまえ、長持ちして使い勝手の良い車両をコンセプトに設計された。

しかし、東京近郊の東海道本線と高崎線沿線のベッドタウン化が想定以上に発展し、乗降に時間がかかるため、通勤時間帯に普通電車として使いづらくなったことと、国鉄からJRになり、1990（平成2）年に「スーパービュー踊り子」がデビューし、新型リゾート電車の投入が始まると、存在意義が揺らいでいった。

だが、20年使っても老朽化しないよう丈夫に設計されたため、すぐに廃車になるという事態は免れた。

■ モハ185形

モハ184形とユニットを組み、パンタグラフと主制御装置が取り付けられているのが特徴の車両。普通列車として使うことから、定員を増やすために便所や洗面所の設備が省略されている。定員はモハ184形より4人多い68人。

■ モハ184形

モハ185形とユニットを組む車両で、パンタグラフのないM'タイプ。車内の照明や冷暖房などの、動力ではない部分の補助電源装置を搭載しているのが特徴。10両編成のタイプには3両、5両の付属編成のタイプには1両組み込まれている。

■ クハ185形

先頭車となる制御車。伊豆急下田・修善寺方面の先頭車は0番代、東京方面は100番代となっている。デビュー当初は、153系との併結が行われたため、併結用のジャンパ連結器を装備していたが、現在は外されている。運転席が他の特急型車両と比べて低い位置にあるのが特徴。

■ サハ185形

5両の付属編成にのみ連結されている、普

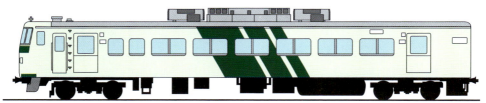

クハ185形（登場時）

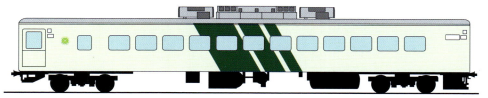

サロ185形(登場時)

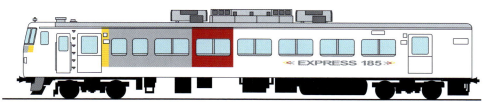

クハ185形200番代(リニューアル車)

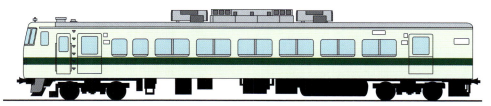

クハ185形200番代(登場時)

通車用の付随車。こちらもモハ185形同様、便所と洗面所の設備を省略している。200番代でこの型式は作られていない。製造されたのは、わずか7両で、すでに一部が廃車されている。

■ サロ185形

乗務員室と車掌室とが設置されたグリーン車用の付随車。10両編成のユニットに2両組み込まれている。普通車は片側2ドアだが、本形式は片側1ドアとなっている。

■ モハ185形200番代

モハ184形200番代とユニットを組む車両。耐雪対策のため、東海道本線仕様の車両とパンタグラフが異なる。

■ モハ184形200番代

モハ184形をベースに製造された車両。1編成(7両)に2両組み込まれた。耐雪対策として、除湿装置が取り付けられている。1981(昭和56)年から翌年にかけ、32両が製造された。

■ クハ185形200番代

クハ185形に耐寒耐雪対策が施された制御車。耐寒対策として、警笛を発するところにカバーを取り付けている。
また、信越本線の横川～軽井沢間、いわゆる横軽区間を運行するため、EF63形電気機

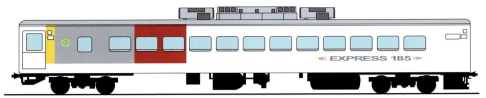

サロ185形200番代

機関車と連結する上野寄りの車両は、連結器まわりが強化されている。

国鉄時代はJNRのロゴが側面の運転台側のドアのすぐ後ろの部分(クハ185形では方向幕のある部分)に描かれていた。

■ サロ185形200番代

横軽区間で、台車の空気ばねに圧力空気を入れる作業を短縮するため、189系と同様に空気圧縮機を搭載している。当初は、上野方面の車両を先頭とした場合、6両目に連結されていたが、現在は4両目(10両編成組替の編成は5両目)に組み込まれている。

(文：渡辺雅史)

東京発伊豆急下田行185系特急「踊り子11号」。伊東線　来宮〜伊豆多賀　1991年8月8日　撮影：寺本光照

国鉄直流特急型電車各形式解説 6
JR西日本所属の183系改造車

JR西日本に2013（平成25）年まで在籍していた183系は、交直両用の485系電車を直流専用に改造したもの。

1991（平成3）年9月、七尾線の直流電化が完成し、交流電化の北陸本線と直通させるため、113系電車を交直流両用の415系800番代に改造することになった。

そこで、当時直流電化区間の福知山線で特急「北近畿」として運用されていた485系から交流関連機器を113系に譲り、485系は直流専用に改造された。これが、「183系700・800番代」である。

183系への改造とはいえ、整流器や変圧器といった交流関連機器を撤去したほかは乗降口のステップを塞いだ程度で、1両1ドア構造や運転台上の前灯といった485系特有の車体設備はそのまま維持された。

福知山電車区の485系の改造は、その後2009（平成21）年まで断続的に行われた。90年代半ばになると、北陸本線への683系の投入によって余剰となった485系が直流専用化改造を受けて福知山に来るケースが増える。このグループの改造は、保守・検修コストの低減を目的としており、交流機器を撤去せず使用中止措置だけに留めているのが特徴だ。

■ モハ182形700番代
（←モハ484形200番代）

■ モハ183・182形800番代
（←モハ485形0番代・モハ484形600番代）

■ モハ183・182形850番代
（←モハ485・484形0番代）

■ モハ183・182形1800番代
（←モハ485・484形1000番代）

交流関連機器を撤去して直流専用化改造を受けた電動車ユニット。

1990（平成2）～1991（平成3）年に、七尾線415系に交流用機器を譲るために改造されたグループと、1996（平成8）年の山陰本線園部～綾部間と北近畿タンゴ鉄道福知山～天橋立間電化に合わせて改造されたグループ、2009（平成21）年に福知山運転所（現・JR西日本福知山電車区）の183系にATS-Pを設置する際の予備として、683系4000番代の導入によって余剰となった車両を改造したグループがある。

■ クハ183形700番代
（←クハ481形300番代）

■ クハ183形750番代
（←クハ481形750番代）

■ クハ183形800番代
（←クハ481形800番代）

■ クハ183形850番代
（←クハ481形850番代）

交直流切替スイッチの撤去や制御機器の直流専用化が施されたもので、内装のリニューアルも行われた。

700番代のうち704～710の7両は、1996（平成8）年に北陸本線で余剰となった車両、711・712の2両は2009（平成21）年にATS-P（列車自動停止装置）の取り付け工事に

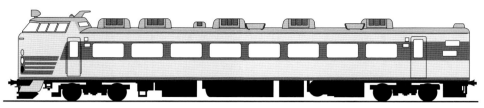

クハ183形800番代

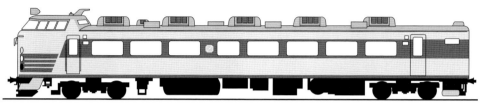

クロハ183形700番代

伴う予備として、それぞれ改造された。

■クロハ183形700番代
　　（←クロハ481形300番代）
■クロハ183形800番代
　　（←クロハ481形200番代）

　1990（平成2）～91（平成3）年に改造された車両。改造内容は、交直切替スイッチの撤去など最低限に留まる。グリーン車は昔ながらの2＋2列シートのままだったが、普通座席はリニューアル工事が施された。

■モハ182形300番代
　　（←モハ484形600番代）
■モハ182形1300番代
　　（←モハ484形1000番代）

　モハ183形800番代とともに2009（平成21）年に改造されたものだが、種車の番代区分に合わせて新しい区分が与えられた。交流関連機器は撤去されておらず、検修作業効率化のための使用停止措置のみ。

■クモハ183形・
　モハ182形200番代
　　（←クモハ485・モハ484形200番代）

　北陸本線「しらさぎ」「スーパー雷鳥」への683系投入によって余剰となった車両を、2003（平成15）年から2004（平成16）年に改造したもの。
　クモハ183形200番代の種車は、「スーパー雷鳥」付属編成用のモハ485形200番代から

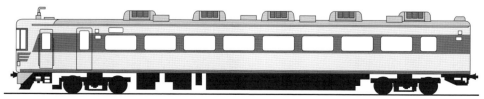

クモハ183形200番代

主な485形からの改造の推移

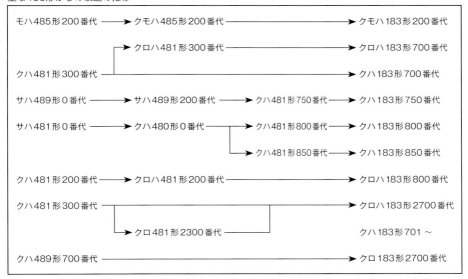

183系800番代で運転される「北近畿」。山陰本線 下夜久野〜上夜久野 1996年9月

改造されたもので、中間車に運転台を取り付けた独特の表情をしている。

■クロ183形2700番代
（←クハ481形300番代）
■クロ183形2750番代
（←クハ489形700番代）

1996（平成8）年の山陰本線園部〜綾部間、北近畿タンゴ鉄道福知山〜天橋立間電化に伴って投入された車両で、全席グリーン車化された。シートは681系と同じタイプで、2＋1の3列シート。

■クハ183形200番代
（←クハ481形200番代）
■クハ183形600番代
（←クハ489形600番代）

2004（平成16）年の特急「まいづる」分割併合開始に伴って改造されたタイプで、線路上に作業員が降りなくても連結・解放作業を行える自動解結装置を備える。種車の時代から自動解結装置を装備していたものと、直流化工事の際に追加したものがある。

（文：栗原 景）

バーチャル紀行
国鉄直流特急型電車、全系列・全列車の早まわり乗り継ぎ

　この章では、1982（昭和57）年9月15日に上野駅を出発し、当時走っていた国鉄直流特急型電車のすべての系列と全列車を乗り継ぎ、早まわりをしてみたらどうなるか、という架空のルポをお届けしよう。乗り継ぎのルールは以下のように定めることとした。

> 乗り継ぎのルール
> ・スタートとゴールは東京都区内のターミナル駅
> ・1982（昭和57）年9月15日現在運行中の、直流特急型車両を使用する全特急列車に、始発から終着まで乗車
> ・複数の形式を使用する列車は、その両方に乗車する

Report 上越新幹線開業で様変わりする国鉄特急

　中央改札口の頭上にぶら下がる無数の列車案内札は、上野駅のシンボルだ。1982（昭和57）年9月15日（水）16時過ぎ。長い汽車旅の始まりは、やはり上野駅がふさわしい。
　改札口で、「東京都区内から東北、高崎、信越線経由新潟ゆき」乗車券にパンチを入れてもらった。183系以降の国鉄直流特急型電車を乗り継ぐ旅の始まりだ。
　上越新幹線が開業する1982年11月改正によって、東日本の国鉄特急網は大きく変わる。急行列車が続々と特急に格上げされる一方、上越線からは歴史ある電車特急「とき」が姿を消す。183系を使用する列車が消えるのは、これが初めてだ。そこで、国鉄特急の大衆化を支えた183系以降の直流特急すべてを乗り継ぎ、比べてみようと思い立った。
　高架ホームの6番線に、エル特急「あさま15号」直江津行が入ってきた。隣の8番線には、ボンネット形の181系「とき23号」が待機中。日中の上野駅は、「あさま」「白山」が発車した3分後に、「とき」が続行するダイヤだ。秋田行き「いなほ」や上越線まわり金沢行き「はくたか」なども続き、その間を縫って「佐渡」「信州」といった急行列車が発着する。
　「あさま」は、EF63形電気機関車との協調運転に対応した、長野運転所所属の189系12両。非貫通タイプでライト部分の帯がつり上がった表情は、「とき」などに使用される183系1000番代と同じだ。祝日の夕方ながら、車内の座席は8割方埋まっている。
　16時46分、「あさま15号」は静かに上野駅を発車した。鉄道唱歌のオルゴールが鳴り、「本日は、エル特急『あさま』号をご利用くださりありがとうございます」と車内放送。この15号は、1日10往復運行されている「あさま」のうち、唯一の直江津行きだ。292.2kmを約4時間半かけて走破する。
　大宮を発車すると座席は大部分が埋まり、間もなく乗客専務による車内改札が始まった。「信越まわりで新潟まで、はい、ありがとうございます」。

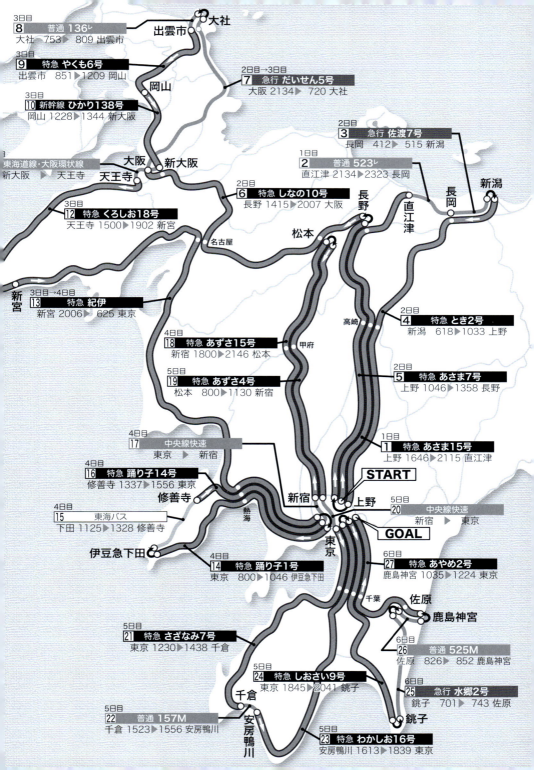

日が暮れた頃、横川に５分停車。碓氷峠越えの補機EF63形電気機関車が２両、後ろに連結された。ホームでは「峠の釜めし」700円が飛ぶように売れる。益子焼の釜に盛られた釜めしはできたてで温かく、駅弁とは思えない味わいだ。

ホームに整列してお辞儀をする売り子達に見送られ、「あさま」は最大勾配66.7‰の横軽越えに挑む。空気ばねのエアが抜かれ、ゴツゴツとした感触が床下から伝わってきた。協調運転は、EF63形の運転台で力行・抑速などの制御を行うと、電車側の装置も協調して制御される仕組みだ。電車の運転士は信号確認と前方注視だけを行い、軽井沢駅到着まで運転操作は行わない。

横川〜軽井沢間11.2キロ、18分かけて標高差550mを登りきり、18時54分軽井沢駅に到着。

中軽井沢、小諸、上田と次第に車内は空いてきた。すでに外は真っ暗。背もたれを倒してひと眠りと思ったが、国鉄自慢（？）の簡易リクライニングシートが落ち着かない。背もたれを倒してもストッパーがなく、少し身体を動かすとバタンバタンと安っぽい音をたてて、戻ってしまう。

21時15分、直江津に到着した。駅舎側の２番線に、茶色とブルーの旧型客車列車が停まっている。米原駅を10時33分に発車した長岡行523レで、「あさま15号」と、高崎から到着する349Mを待って33分の大休止中。立ち食いそば店が営業しており、乗り継ぎ客が吸い込まれていく。毎日523レを見送ってから、店を閉めるそうだ。

くたびれた旧型客車列車は、直江津から先の終列車。ひと駅ごとに乗客が降りていき、車内は夜汽車の装いである。

23時23分、長岡駅に到着した。０時28分発の上野行急行「佐渡８号」が接続列車として案内された。こんな時間に売店で駅弁を売っているのも、長岡駅ならでは。駅前には、上越新幹線開業を当て込んだ真新しいビジネスホテルが並んでいた。

 ## 直流特急最長ランナー 381系「しなの10号」

ホテルで仮眠をとり、２日目の９月16日は、４時12分発急行「佐渡７号」で出発。上野駅を昨晩23時20分に発車した夜行急行だ。

上越新幹線の終着駅となる新潟駅は、真新しい新幹線ターミナルが完成し、11月の開業を待つばかり。６時18分発「とき２号」に乗車する。

国鉄直流エル特急の旗手とも言える「とき」は、現在１日13往復体制。そのうち３往復が181系、残りが耐寒仕様の183系1000番代だ。上野までの所要時間は４時間15分。上越新幹線が開業すれば、大宮〜上野間の「新幹線リレー号」を含めても２時間40分前後となる。

早朝の列車ながらかなり混んでおり、長岡駅からは立ち客も出た。越後川口の先で魚野川を渡ると、川面を覆う霧が美しい。石打から上越の山越えに入り、20‰の勾配が連続して土樽駅の先で清水トンネルへ。戦前に開通し、小説『雪国』の舞台にもなったトンネルだ。第二湯檜曽トンネルに入る直前、右下にこれから通る線路がちらりと見えた。ループ線を下ると利根川沿いに旅館が増え、水上に到着。ここからいっそう立ち客が増えた。

上信越をぐるりと一周して上野に舞い戻り、隣の９番ホームに待機している「あさま７号」に飛び乗る。昨日と同じルートで高崎・信越本線を走り抜け、今度は長野へ。

13時58分、長野駅到着。善光寺をイメージした社殿作りの駅舎が美しいが、ゆっくり観察する時間はない。14時15分発大阪行「しなの10号」に乗り換えだ。

長野と名古屋・大阪を結ぶ「しなの」は、1973（昭和48）年に振子式電車381系が初

めて投入された列車だ。曲線区間が全体の45％に及ぶ篠ノ井・中央西線では絶大な効果があり、名古屋〜長野間はディーゼルカー時代の3時間58分から3時間20分と、劇的に短縮された。裾を絞り、屋根からエアコンを排したフォルムが美しい。

「しなの10号」は大阪までの直通列車で、所要5時間52分、運行距離は441.2kmに及ぶ直流エル特急のロングランナーだ。これだけ長時間走るのに、381系には食堂車が用意されていないのが惜しい。普通車の座席も例の簡易リクライニングシート。座席は観光客を中心に8割方埋まっており、賑やかだ。

長野駅を発車した「しなの10号」は、篠ノ井駅から篠ノ井線に入った。25‰の勾配をぐんぐん昇り、冠着トンネルを抜けると左に善光寺平の絶景が広がる。日本三大車窓ともいわれる眺望を、「しなの」は軽快に駆け抜けていく。

松本を過ぎ、15時22分、塩尻駅に停車。今年5月に約500m松本寄りに移転したばかりで、篠ノ井線と中央西線を直通する列車のスイッチバックが解消された。いまは移転前のダイヤを踏襲して5分停まるが、11月改正からはほとんどの列車が30秒のみの停車となる。新しい塩尻駅は長野県初の橋上駅舎で、駅周辺はまだがらんとした雰囲気だ。

中央西線に入ると、いよいよカーブが多くなり、振子電車の真価を発揮。ガタゴトとよく揺れ、カーブに差し掛かるとワンテンポ遅れて車体が内側にブーンと傾く。この時間差が独得で、時々ガクンと大きなショックもあるものだから、慣れないと乗りもの酔いしてしまう。運行開始直後は気分を悪くする乗客が続出し、車掌は乗りもの酔いの薬を常備しているとか。

木曽福島駅を発車し、上松駅を通過すると間もなく、右手に寝覚ノ床が見えてきた。中央本線は、東線、西線ともに車窓風景に恵まれている。

17時41分着の名古屋で、多くの乗客が降りた。振子装置が作動するのはここまで。東海道本線は、架線などの設備が振子式電車に対応していないらしく、485系「しらさぎ」などと同じ速度になる。ここで新幹線に乗り継ぐ人も多い。

名古屋駅で17時51分発の「ひかり523号」に乗り継げば、「しなの」よりも約1時間早い、19時02分に新大阪に着ける。特急料金も、乗継割引が適用され合計3450円と、「しなの」を乗り通した場合の2900円と比べて、550円しか違わない。

ただ、それなりにニーズはあるらしい。「毎年、長野の親戚のところへ行くんですが、やはり乗り換えなしというのは便利です。それほど急ぐわけでもありませんから」とは、隣に座った大阪在住の女性。

「しなの10号」は、名古屋を発車すると岐阜と京都にしか停まらず、新大阪も通過。大阪駅に到着したのは20時07分、朝4時に長岡駅を出てから実に16時間が経過していた。

振子電車の新機構も単線行き違いには無力

新梅田食道街で軽く飲み、大阪駅に戻ったのは21時過ぎ。1番ホームに、美しいブルーの列車が入線してきた。急行「だいせん5号」大社行き。

DD51形機関車を先頭に郵便車と荷物車、その後ろに元祖ブルートレインの20系客車10両を連ねている。B寝台6両、プルマン式A寝台を改造した普通座席車ナハ21形を3両に電源車という、堂々とした編成だ。

ただ、最後尾が切妻形のナハネフ23形というのは美しくない。寝台幅52cmは今となっては狭いが、やはり横になって眠れるのはありがたい。国鉄のマークをあしらった浴衣を着て寝台に潜り込むと、すぐにまどろんだ。

目を覚ますと、松江駅に停車している。9

木造で知られる大社駅舎。撮影：杉﨑行恭

月17日、朝6時。「だいせん5号」は米子駅から快速扱いとなり、全車指定席だった座席車も自由席となる。出雲市駅では「やくも」に乗り換えるのだが、時間があるので終着・大社駅まで乗り通してみた。大社線の終着駅である大社駅は、1924（大正13）年竣工の立派な木造駅舎で知られる。古くは東京から急行「出雲」が直通した。

7時53分発の出雲市行き136レは「だいせん」の折り返し。高校生が続々と寝台車に乗り込み、慣れた手つきで中段寝台を折りたたんで腰掛ける。全国でも珍しい、「通学ブルートレイン」だ。

「やくも6号」は、この7月に伯備線が電化され、381系が投入されたばかり。伯備線内は最高速度110km/h、曲線通過速度は本則＋15km/hとなり、岡山〜出雲市間は30分以上短縮された。車両は、「くろしお」から採用された、前面が非貫通の100番代だ。

出雲市を定刻8時51分に発車した「やくも」は、山陰本線内では非電化時代と同じ最高95km/hで走る。振子機構も作動しないので、所要時間はディーゼル時代とほとんど変わらない。

伯耆大山から伯備線に入ると、いよいよ振子電車の本領発揮となる。「やくも」に投入された車両は、台車が改良されて乗り心地が改善したというが、特に「しなの」との違いは感じられない。江尾駅で運転停車し、岡山から来た「やくも1号」と行き違う。せっかく振子電車でスピードアップを果たしても、単線区間が多い伯備線では、列車行き違いで所要時間が延びるのが惜しい。

かつてD51の基地として知られた新見駅を出ると、高梁川に沿って南下する。石蟹〜井倉間は高梁川が特に蛇行するところ。対岸に渡らず川岸を進む足見陸橋は撮影名所だったが、電化と同時に新線に切り替えられてしまった。カーブは減ったが、右へ左への揺れは相変わらずだ。車内販売のワゴンが来

が、販売員は大変だろう。

倉敷から山陽本線に入り、12時09分岡山駅に到着。新幹線ホームに上がり、広島発東京行き「ひかり138号」で新大阪へ。山陽新幹線内は各駅に停車するタイプで、新大阪までは1時間16分かかる。8号車の食堂車をのぞいてみたが、昼食時とあって満席を示すランプがついており断念。新幹線の食堂車はまだまだ人気のようだ。

国鉄きっての俊足ランナー
381系「くろしお」

紀勢本線の和歌山〜新宮間が電化されたのは、1978(昭和53)年10月。381系が投入され、天王寺〜新宮間は最速3時間57分と4時間の壁を破った。和歌山のみ停車の「くろしお6・9号」は、天王寺〜白浜間を1時間59分で結ぶ。表定速度は84.1km/h。直流特急随一のスプリンターだ。

天王寺駅の1番ホームには、15時発の「くろしお18号」が待っていた。金曜の午後とあって、車内は観光ムードいっぱいだ。

和歌山駅を発車してしばらくすると、一気に加速。紀勢本線の制限速度は110km/h、曲線通過速度は本則+15km/hで伯備線と同じ。381系も3度目ともなるとその乗り心地にすっかり慣れ、振子特有の動きを楽しむ余裕すら出てきた。

16時27分に御坊駅を発車し、切目駅を通過した先から、線路は太平洋の海岸沿いを行く。1時間後の「くろしお20号」あたりに乗っていれば、太平洋に沈む夕日を眺められただろう。紀伊田辺駅からは単線となり、がくんとスピードが落ちる。周参見から再び海岸沿いへ。海が紅く染まっていた。

19時02分、終着の新宮に到着。今宵の宿は、昨日に引き続き寝台列車。夕食に名物駅弁の「めはり寿司」を買い、新宮駅20時06分発の寝台特急「紀伊」で東京に向かう。DD51に牽引された6両の14系客車はすべて三段式B寝台で、車内は気の毒なほどに空いていた。「紀伊」は関東から南紀への観光列車の性格が強く、金曜の上りでは仕方あるまい。あるいは、去る3月15日に名古屋駅で発生した「紀伊」機関車追突事故の影響だろうか。

急行並みの特急
185系「踊り子」

幅70cmの寝台はやはり快適。9月18日、「紀伊」は、「出雲2号」とともに10分ほど遅れて、6時35分に東京駅に到着した。八重洲口地下の東京温泉で、3日ぶりに汗を流す。夜行高速バス「ドリーム」で割引券を配布していることもあり、早朝から盛況だ。

今日の一番手は、伊豆急下田行き「踊り子1号」。車両は田町電車区所属の183系1000番代だ。「あまぎ」用157系の置き換えとして1976(昭和51)年から導入されたが、現在は主役を新鋭185系に譲り、10往復中3往復のみに充当されている。185系は、基本編成10両と付属編成5両で最大15両編成となるが、183系は基本編成の10両のみ。運用は分離されており、時刻表にも183系を使用する列車は明記されている。グリーン車の位置などの車種は両形式で統一されているため、分かりやすい。

伊豆へ向かう週末の行楽特急とあって、車内は家族連れを中心にほぼ満席。小田原を過ぎて左手に相模灘が迫ってくると、子どもたちから歓声が上がった。

熱海、伊東でそれなりに降り、伊豆急行線に入る。1961(昭和36)年に開業した東急グループの私鉄で、開業当初から国鉄との相互乗り入れを行ってきた。片瀬白田〜伊豆稲取間では太平洋沿いの海岸を走り、美しい車窓風景を楽しめる。

10時46分、伊豆急下田駅に到着。駅前には旅館など観光施設の車が集まり、さすがは

南伊豆の玄関だ。散策したい気持ちを抑え、修善寺行き東海自動車バスに飛び乗る。昨年10月から始まった伊豆箱根鉄道駿豆線への直通編成に乗るため、天城越えのバスで修善寺までショートカットしようというわけだ。

1970（昭和45）年に開通した新天城トンネルを越え、2時間かけて修善寺駅に到着。今度は、ホワイトのボディにグリーンのストライプが入った185系「踊り子」が待っていた。

185系は、昨年3月にデビューした新型特急電車だ。特急にも普通列車にも使える車両として設計され、10月から新鋭特急「踊り子」に投入された。斬新なデザインが話題の185系は、車内も妻板にコルク状の模様が使われているなど工夫が凝らされているが、特急らしい高級感には欠ける。窓が開くのはありがたいが、今どき非リクライニングの転換シートというのはいかがなものだろう。特急も普通も同じ車両でまかなわなくてはならない、国鉄の窮状が見えるようだ。

13時37分、5両編成の「踊り子14号」が修善寺駅を発車した。伊豆箱根鉄道線内は、平日に限り特急料金不要で乗車できる一方、休日は線内のみの乗車はできない。

熱海駅で伊豆急下田からの基本編成と併合した185系「踊り子」は、15両の堂々とした編成で東京に向かう。だが、実態はかつての急行「伊豆」に近い。「踊り子」の前身である特急「あまぎ」は、熱海を発車すると横浜のみの停車だったが、「踊り子」は湯河原、小田原、大船、横浜、川崎、品川と丁寧に停まる。所要時間も「あまぎ」より2〜10分余計にかかり、限りなく急行に近い特急と言える。

東京駅に到着後、新宿駅に移動して18時発の「あずさ15号」に乗車。グリーン車を2両連結した12両編成の車両は、長野運転所所属の189系。「あさま」と共通運用を行っている。183系と189系は、485系などと比べるとパンタグラフ付近の車高が低くなっているが、これは中央本線に多い断面の小さなトンネルに対応するためだ。

中央本線の高尾から小淵沢までは、全国屈指の車窓風景と信ずるが、すでに日も暮れ、明日までお預けである。

一人旅の小学生と「あずさ」で道連れ

21時46分に松本に到着し、駅前のビジネスホテルで一泊。久しぶりにベッドでゆっくり眠り、目覚めると外は小雨だった。5日目の9月19日は松本駅8時発「あずさ4号」に乗車する。

こちらは、幕張電車区所属の183系9両編成。指定された通路側の席に座ると、窓側には小学生の男の子が一人で座っていた。ホームでは、おばあちゃんらしき女性が手を振っている。最近増えてきた、小学生の一人旅らしい。

「松本のおばあちゃんの家に、初めて一人で来たんです。昨日は『あさま』と『赤倉』に乗ってきました。国鉄が好きで、『いい旅チャレンジ20,000km』もやってます」

少年はそう言って都区内から都区内ゆきの乗車券を見せてくれた。珍しいのか、周囲の乗客からも「ぼく、どこまで行くの？」と声が掛かる。

塩尻駅を発車したところで車内改札が始まった。白い制服を着た車掌長が少年に何やら耳打ち。少年は目を輝かせた。列車は25‰の上り勾配が始まり、中央東線に唯一残ったスイッチバックの東塩尻信号場を通過。善知鳥トンネルをサミットに下りとなり、辰野からは天竜川に沿って北上する。

「上諏訪を出たら車掌室に来るよう車掌さんに言われたので、行ってきます！」

少年は、そう言って最後尾へ去った。1時間あまり後、大月駅の手前で戻ってきた少年によれば、「機械に絶対さわらない、と約束できるなら」と、1号車の運転台に入れてく

れたそうだ。レールファンの気持ちを大切にしてくれて、嬉しい。

　小雨のため八ヶ岳は見えなかったが、勝沼から眺める甲府盆地や、鳥沢付近の河岸段丘の眺めはやはり美しい。最後は少年と鉄道談義を楽しみ、11時30分に新宿駅に到着した。

房総への行楽特急「わかしお16号」

　東京駅に移動して、12時30分発千倉行「さざなみ7号」が発車する地下3番ホームへ向かう。ちょうど10年前の1972（昭和47）年7月にオープンした地下ホームは、地下5階という地底深くにある。千葉や神奈川からの通勤・通学客が利用するうえ、毎時00分に外房線「わかしお」、30分に内房線「さざなみ」、45分に総武本線・鹿島線の「しおさい」「あやめ」が発車するため、いつも混雑している。

　特に「房総夏ダイヤ」と称して大増発される夏休みは、通勤客と行楽客が入り乱れ、長いエスカレーターは大混雑。幸い、今日は夏休みも終わった日曜の午後で、落ち着いた雰囲気だ。

　国鉄直流特急型電車のスピード乗り継ぎも終盤戦。今日と明日乗車する特急は、すべて幕張電車区の183系で、編成もすべて同じだ。混雑時も乗降しやすい2扉、総武地下線に入線するための貫通扉など、183系0番代は房総特急のために生まれた車両といっても過言ではない。簡易リクライニングシートは、この旅初めてのロック機能付き。やはり、このほうが使いやすい。

　内房線は君津付近まで工場や住宅地が続くが、竹岡まで来ると一気にローカルムード豊かになる。館山駅で大部分の乗客が下車し、終着の千倉まで乗り通した人は数えるほどだった。

　千倉駅で普通列車に乗り換えると、行楽帰りの家族連れで大混雑。安房鴨川駅で「わかしお16号」に接続し、多くの乗客が自由席を目指して跨線橋を駆け上がる。

　「わかしお16号」は、家路を急ぐ行楽客をいっぱいに乗せて安房鴨川駅を発車した。16時28分の行川アイランド、16時42分の勝浦でさらに混んできた。

　だが、スピードは遅い。千葉駅までの所要時間は1時間49分、後続する急行「外房6号」の1時間55分とたいして変わらず、表定速度51.4km/hという鈍足特急だ。11月のダイヤ改正で房総急行はすべて特急に格上げされるが、事実上の値上げではないかという批判も根強い。

　東京駅6分乗り換えで、今日の最終ランナー「しおさい9号」に乗車。こちらの車内は、都内で所用を済ませた人たちといった感じで占められ、落ち着いていた。

特急大衆化の象徴で早まわり旅を締めくくる

　最終日の9月20日は、銚子駅7時01分発の急行「水郷2号」で佐原へ向かう。かつて千葉県の鉄道は「ディーゼル王国」と呼ばれたが、1974（昭和49）年10月に全線電化が完成し、翌75年3月改正から大部分の急行が特急に「格上げ」された。

　「水郷2号」は数少ない急行の生き残りで165系電車が力走するが、それもあとわずかの命。ひと足早く、11月11日限りで運行を終了する。

　佐原から普通列車で鹿島神宮駅に向かい、最終ランナー「あやめ2号」へ。「あやめ」は、東京〜鹿島神宮間113.1kmを結ぶ特急列車。数ある国鉄特急の中でも、最も運行距離が短いミニ特急だ。表定速度も62.3km/hとふるわない。「半人前特急」などと揶揄されたりもするが、特急大衆化の象徴的存在でもある。

　乗客もほとんどが自由席利用で、指定席は

列車編成表

あさま15号 　　　　　　　　　　　　　　　　　　　　　　　　　　直江津→

1 自 クハ189	2 自 モハ188	3 自 モハ189	4 指 モハ188	5 指 モハ189	6 グ サロ189	7 グ サロ189	8 指 モハ188	9 指 モハ189	10 指 モハ188	11 指 モハ189	12 指 クハ189

とき2号　←上野

1 指 クハ183	2 指 モハ182	3 指 モハ183	4 指 モハ182	5 指 モハ183	6 グ サロ183	7 グ サロ183	8 指 モハ182	9 指 モハ183	10 指 モハ182	11 自 モハ183	12 自 クハ183

しなの10号　　　　　　　　　　　　　　　　大阪→

1 自 クハ381	2 自 モハ381	3 自 モハ380	4 指 モハ381	5 指 モハ380	6 グ サロ381	7 指 モハ381	8 指 モハ380	9 指 クハ381

だいせん5号　←大社　　　　　＊米子〜大社間自由席

スユニ50	マニ50	カヤ21	指* ナハ21	指* ナハ21	指* ナハ21	5 ★ ナハネ20	6 ★ ナハネ20	7 ★ ナハネ20	8 ★ ナハネ20	9 ★ ナハネフ23

やくも6号　　　　　　　　　　　　岡山→

1 自 クハ381	2 自 モハ380	3 指 モハ381	4 グ サロ381	5 指 モハ380	6 指 モハ381	7 指 モハ380	8 指 クハ381

くろしお18号　←新宮

1 指 クハ381	2 自 モハ380	3 自 モハ381	4 グ サロ380	5 指 モハ381	6 指 モハ380	7 自 モハ381	8 自 モハ380	9 自 クハ381

出雲2・3号／紀伊　　　　＊食堂車は営業休止　　　　　　　　　　　　　東京→

1(出雲) ★ スハネフ14	2 A オロネ14	3 ★ オハネ14	4 ★ オハネ14	5 ★ オハネ14	6 食* オシ14	7 ★ オハネ14	8 ★ スハネフ14	9(紀伊) ★ オハネフ14	10 ★ オハネ14	11 ★ オハネ14	12 ★ オハネ14	13 ★ オハネ14	14 ★ スハネフ14

踊り子1号　←伊豆急下田

1 指 クハ183	2 指 モハ182	3 指 モハ183	4 グ サロ183	5 グ サロ183	6 指 モハ182	7 指 モハ183	8 自 モハ182	9 自 モハ183	10 自 クハ183

踊り子14号

1 指 クハ183	2 指 モハ184	3 指 モハ185	4 グ サロ185	5 指 モハ184	6 指 モハ185	7 指 モハ184	8 自 モハ185	9 指 クハ185	10 指 クハ185	11 指 モハ184	12 指 サハ185	13 自 モハ184	14 自 モハ185

あずさ15号　　　　　　　　　　　　　　　松本→

1 自 クハ189	2 自 モハ188	3 自 モハ189	4 指 モハ188	5 指 モハ189	6 グ サロ189	7 グ サロ189	8 指 モハ188	9 指 モハ189	10 指 モハ188	11 指 クハ189

あずさ4号　←新宿

1 自 クハ183	2 自 モハ182	3 自 モハ183	4 指 モハ182	5 指 モハ183	6 指 モハ182	7 グ サロ183	8 指 モハ182	9 指 クハ183

さざなみ7号　　　　　　　　　千倉→

1 指 クハ183	2 グ サロ183	3 指 モハ182	4 自 モハ183	5 自 モハ182	6 自 モハ183	7 自 モハ182	8 自 モハ183	9 自 クハ183

わかしお16号　←東京

1 指 クハ183	2 グ サロ183	3 指 モハ182	4 指 モハ183	5 自 モハ182	6 自 モハ183	7 自 モハ182	8 自 モハ183	9 自 クハ183

しおさい9号　　　　　　　　銚子→

1 指 クハ183	2 グ サロ183	3 指 モハ182	4 指 モハ183	5 自 モハ182	6 自 モハ183	7 自 モハ182	8 自 モハ183	9 自 クハ183

あやめ2号　←東京

1 指 クハ183	2 グ サロ183	3 指 モハ182	4 指 モハ183	5 自 モハ182	6 自 モハ183	7 自 モハ182	8 自 モハ183	9 自 クハ183

ガラガラ、グリーン車に至っては数人しかいない。それでも、車窓風景はなかなかのもの。北浦を一気に渡る北浦橋梁や、広大な利根川流域の干拓地など、飽きさせない。

成田線に入っても、「あやめ」はせいぜい70km/hくらいでのんびり走る。千葉駅を過ぎて多少スピードを上げ、12時24分、東京駅に到着。こうして4日と19時間38分、4525.4kmの乗り継ぎ旅が終わった。

国鉄特急がますます身近な存在になったことを実感した旅だったが、どの列車も似たようなデザインというのは少し惜しい。185系のような個性ある列車がもっと登場することを期待したい。

（文：栗原 景）

知って得する国鉄直流特急型電車 1
お召し列車と183系・185系

戦後初めて作られた貴賓車クロ157形

1960（昭和35）年、国鉄はクロ157形電車を新造した。157系電車の一形式として製造されたこの車両は、天皇陛下や皇族の方々の小旅行で使うことを目的に製造された。

当時、157系は準急用車両だったが、都内と日光とを結ぶ東武鉄道に対抗するため、車内設備は特急並みになっていた。特急として運用しても遜色がないことや、最新型の車両であったこと、また、日光や那須に向けたお召し列車や御乗用列車が多く運転されていたことから、157系で貴賓車を作ることとなったのだろう。

田町電車区（現・JR東日本東京総合車両センター田町車両センター）に所属していたクロ157形は、デビューすると157系の編成に組み込まれて、原宿の宮廷ホームから、栃木県の那須御用邸や静岡県の伊豆半島にある須崎御用邸などへ向けて運行されていた。

だが、1976（昭和51）年に157系が定期運用から引退。お召し列車・御乗用列車の牽引用として残されていた157系も1980（昭和55）年に老朽化で廃車されると、今度は同電車区に所属していた183系1000番代がクロ157形の前後に連結され、お召し列車・御乗用列車の運用を担うようになる。

老朽化によって牽引車を183系1000番代に

当時、那須や須崎の御用邸へは、車で向かうより鉄道を利用したほうが便利であったことから、157系時代同様、183系によるお召し列車・御乗用列車は、原宿駅の宮廷ホームから、年に数本運転された。ヘッドマークの表示部は、肌色（183系のベースの色）一色の幕が表示された。

天皇陛下が公務で乗車する「お召し列車」、公務以外の目的で天皇陛下や皇族の方々が乗車する「御乗用列車」の牽引役として活躍した183系1000番代は、1985（昭和60）年、田町電車区から転出することになり、クロ157形の牽引の任を解かれた。

185系が牽引となり貴賓車の塗装を変更

3代目の牽引役となったのは、田町電車区に所属する特急型電車、185系だった。田町電車区で特急型、という条件を満たしたため、お召し列車・御乗用列車の牽引役となった。だが、国鉄らしくない大胆なカラーリングの185系に、国鉄色のクロ157形を連結すると色彩的な違和感があることから、クロ157形は白地に、窓下にグリーンの横帯という、185系と合わせたカラーに変更された。

牽引を担当するのは特急「踊り子」で使用している電車なので、色を合わせるなら車両中央部にグリーンの斜め帯を3本入れるべきなのだが、「陛下の乗車する位置に目印となるようなラインを入れるのはどうなのだろうか」と、判断したのであろう。貴賓車だけは185系200番代と同じ外装となった。

この185系お召し列車・御乗用列車は、

クロ157形の外観と車内

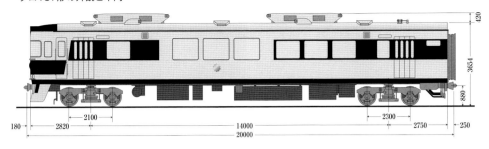

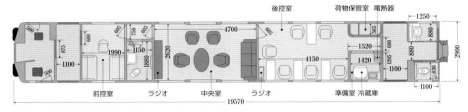

原宿駅北側にある皇室専用ホームで出発を待つ185系「お召列車」。1984年12月　撮影：持田昭俊

　当初は183系1000番代時代同様の頻度で使用されていたが、平成に入り、須崎御用邸への移動に、東京駅から特急「スーパービュー踊り子」のグリーン車をお使いになるようになってからは、運行頻度が減った。さらに1991（平成3）年、東北新幹線が東京駅まで乗り入れると、那須の御用邸へも新幹線での移動がメインとなり、運転機会が激減した。

　185系ということで、ヘッドマークの表示部がうすだいだい色から白一色に改められたお召し列車・御乗用列車は、1991年以降、運転本数はごくわずかとなった。そして1993（平成5）年、天皇陛下が秩父や長瀞などをご訪問された際、秩父鉄道の長瀞〜高崎線の上尾間でクロ157形と185系電車によるお召し列車が運転されて以降、クロ157形は利用されていない。

　2007（平成19）年にE655系がデビューすると、クロ157形と185系によるお召し列車・御乗用列車の運転はなくなったが、現在も伊豆の須崎御用邸訪問の際には、E655系に故障など、万が一のことが起こった際の予備車として、クロ157形を連結しない185系が運転されている。

　万が一のことが起こって、というと不謹慎かもしれないが、もしかしたら、185系が御乗用列車として注目を浴びることが……ということが、本来なら起こってはいけないことだが、あるかもしれない。

（文：渡辺雅史）

知って得する国鉄直流特急型電車 2
総武本線の地下線と183系

意外に急勾配が続く東京〜錦糸町間の地下線

　JR総武本線の起点である東京駅の標高はマイナス21.60mである。0‰の勾配、つまりレベル（水平）の東京駅を出発した総武本線の列車は、開削工法で造られたトンネルから、円形断面の単線シールドトンネルに入っていく。すると待ち構えるのは、まずは半径300mの左曲線だ。曲がり終えると5.5‰の上り勾配が始まり、ほどなく半径470mの右曲線が現れる。直線となって1.0‰の下り勾配に変わると、東京起点1.180kmの新日本橋駅。標高はマイナス19.60mだ。

　新日本橋駅を出発すると半径900mの左曲線が始まり、次いで線路は18.0‰の勾配を下っていく。直線となっても坂を降り、勾配は3.0‰に変わった後、下り坂の途中に置かれた馬喰町駅に到着する。東京起点2.180kmのこの駅の標高はマイナス30.60mと地下線のなかで最も低い。

　3.0‰の下り勾配のまま半径400mの急曲線に差し掛かる。すると今度は一転して22.5‰の上り勾配がスタートし、半径2500mから直線、直線から半径510mといずれも右曲線が続く。半径510mの右曲線の途中で勾配は地下線で最も急な33.4‰となり、電車は主電動機のうなりを上げながら、およそ600mの急坂を駆け上る。

　急勾配が終わる直前に半径500mの左曲線に差し掛かり、直線に戻ると地下線のトンネルの出口だ。上り勾配は0.6‰に和らげられ、半径2000mの右曲線を通過した後に勾配は久方ぶりにレベルとなる。

　平坦区間は1kmにわたって続く。この間、曲線は勾配変更地点から間もない場所にある半径2000mの左曲線のみ。そのまま進み、長さ47mの大横川橋梁を渡ると錦糸町駅となる。東京起点4.827kmで、標高は6.10mだ。

錦糸町で必要だったATC、ATSの切り換え

　いま紹介した総武本線の地下線は、急勾配区間であるという特徴がある。今日、東京〜錦糸町間の信号保安装置は、閉そく方式として自動閉そく式、そしてATS-Pが採用されているが、2004（平成16）年2月29日に同方式に切り替えられるまでは、閉そく方式は車内信号閉そく式、そしてATCが採用され、この区間を通過する車両には、車上装置としてATC-5形制御装置の搭載が必須であった。

　183系0番代が製造されるきっかけとなった、国鉄時代の総武本線東京〜錦糸町間に採用されたATCのあらましを紹介しよう。ATCは、単線トンネルでありかつ、もともと見通しが悪いうえ、急曲線や急勾配が点在するために、地上の信号機の現示を確認するのに必要な距離を確保できない、という理由から設置された。

　クハ183形0・1500番代に搭載のATC-5形は、軌道回路からの速度信号を受信し、その時点での列車の速度と比較して、常用または非常ブレーキを作動させる役割を果たす。運転室の速度計に現示される車内信号現示

錦糸町駅でATCに切り換え地下トンネルに向かう183系特急「さざなみ」。1976年10月11日
撮影：寺本光照

制限速度は、90km/h、75km/h、65km/h、45km/h、25km/h、0km/h、×の7種類。×以外の車内信号では常用ブレーキが、即座に停止が必要な場合と軌道回路からの速度信号が途絶えた場合に現示される×では、非常ブレーキがそれぞれ作動する。

ATCは前に進む列車に対して作動することはもちろん、後退する場合にも働く。勾配区間で停止し、何らかの事情で列車が後退した場合、その速度が5.0km/h以上となると、0.3秒以内にATCが、非常ブレーキを作動させる。

忘れてはならないのはATCの切り換えだ。運転台前面に「ATC入」「ATS入」「ATS切」の3つの位置から成るひねり式のスイッチが設けられており、運転区間や運転条件に応じて運転士が選択する。東京駅を出発するときにATCを投入しない場合、切換表示灯が点灯し、同時にボイスアラームによる警報音が鳴って、列車のブレーキを緩解することができない。

一方で錦糸町駅では、複雑な扱いが必要となる。まず、東京方面からの下り列車の場合、「ATS入」への切り換えを促す切換表示灯の点灯、そしてボイスアラームが鳴って運転士に知らせる方式が採用された。

問題は銚子方面からの上り列車だ。東京方面に進む場合はATSからATCへと切り換えればよいのだが、御茶ノ水方面に進んだり、両国駅に進入したりする場合はATSでよいので切り換える必要がない。列車の行き先をもとに、自動的に切り換える方式は採用されなかったので、切換表示灯とボイスアラームとによって、運転士は目的地に応じて、ATCかATSかを手動で切り換える。もちろん「ATS入」のままATC区間に進入すれば、非常ブレーキが作動して列車を止めてしまう。

以上のように錦糸町駅では、ATCとATSと

を手動で切り換えなければならないため、183系は全列車が停止しなければならない。

後年、「成田エクスプレス」用の253系が登場し、錦糸町駅を通過するようになった。これは同駅でATCからATSへ、またはその反対の切り換えだけが行われると限定して、ATC制御装置側で自動的に切り換えるようにしたからだ。したがって、253系であっても錦糸町駅から御茶ノ水方面や両国駅に向かう際には、停止したうえで手動で切り換えなければならない。

急勾配区間でも問題なく起動できるか

183系0番代はデビュー当初、電動車6両、制御車・付随車3両の6M3T編成を組んでいた。この編成が東京〜錦糸町間に存在する最も急な33.4‰の勾配区間で、起動できるのであろうか。

結論から言うと、もちろん起動は可能だ。1972（昭和47）年7月15日の開業に先立つ同年5月から7月にかけて、国鉄の鉄道技術研究所が183系を用いて実施した勾配起動試験の結果を紹介しよう。

まず、6M3Tの場合、MT54形直流直巻主電動機に流れる電流が限流値という定められた値の440Aで、問題なく起動できた。そのときの加速度は、平均して0.68km/h/s（0.19m/S²）であったという。

続いて電動車ユニットを1ユニットカットした4M5Tとしたときは、ATC区間用に設定された増限流値である560Aの電流をMT54形主電動機に流せば、やはり起動したそうだ。このときの加速度は0.68km/h/sと、6M3Tと同じ数値を記録した。

鉄道技術研究所は1.5ユニットカットの3M6Tとしたときの勾配起動試験も行っている。ちなみに3M6Tとは、9両編成の183系の乗車率が200％で、なおかつ1ユニットカットしたときの状態と同じだという。こちらも増限流値の560AをMT54形主電動機に流せば起動でき、加速度は平均して0.27km/h/s（0.075m/S²）となったというからなかなか優秀だ。

183系の限流値を増加させるには、運転士が座っている腰掛の右側に配置されたスイッチ群に含まれる、力行限流値スイッチを上から下に下げる。このスイッチは比較的運転士の手に届きやすい位置にあったので、使用する頻度は高かったのであろう。

（文：梅原 淳）

クハ183形の車内信号付き速度計（左）と運転台の後ろにあるATC機器室（右）

知って得する国鉄直流特急型電車 3
189系とEF63形との協調運転

すべておまかせのEF63との協調運転

協調運転とは、制御系統の異なる列車同士が連結し、それぞれの列車の運転台に運転士が乗り、運転士たちが互いに連絡を取り合い、息を合わせて列車を運転させる方法のことを指す。

電気機関車が補機としてつく秩父鉄道のSLは、電気機関車と蒸気機関車との協調運転であり、銚子電気鉄道で2015（平成27）年、デハ1001とデハ1002が連結して運転された引退イベントも、両車両に運転士が乗車し、協調運転で運行された。デハ1001とデハ1002は、どちらも元営団地下鉄2000形だが、連結運転はできないのだ。

189系にEF63形電気機関車の重連がついていた碓氷峠を越える横川～軽井沢区間、通称「横軽区間」の運転も、協調運転の一種である。ただ、ここまでに紹介してきた協調運転とは仕組みが異なる。

189系の上野寄りに連結された制御車であるクハ189系500番代には、EF63形と連結するための専用のジャンパ連結器（KE70形19芯）が取り付けられていた。これをEF63に取り付けると、接続した電気機関車のさらに奥に連結されたEF63形の運転席と連動し、横川から軽井沢に向かう場合は最後尾のEF63形、軽井沢から横川へ向かう場合は最前部のEF63形の、力行やブレーキなどの命令が、自動でもう1両のEF63や189系の運転台に届くシステムになっていた。協調というより、相手の運転システムを乗っ取って運転する、

"乗っ取り運転"と呼んでもいい運転方法だ。

出された信号を確認しつつ相手に合わせて人間が操作するよりも、安全性に優れたこの協調運転方式。この方式が取り入れられた横軽区間では、軽井沢へと向かう189系の運転士は、運転台を操作せずに前方の注視と信号の確認のみで、横川方面に向かう運転士となると、計器類を注視する程度しか、この区間での仕事がなかった。

3つの動力車の操作を一元化したこのシステム、操作の方法はカンタンだ。189系がEF63形に接続されるとEF63形の協調運転設定スイッチが作動、EF63形からの信号が189系の編成の最後尾（11両目、もしくは9両目）まで伝わったら、最後尾の運転台に備え付けられた「横軽スイッチ」をONにする。これが反対側に位置するEF63形につながれば、協調運転が可能となる。

信号は、189系の端から端まで送らなければならないシステムだったため、各車両の取り外しや、グリーン車の減車による車両の組み替えは丁寧に行われた。にもかかわらず、協調運転装置の不具合が発生し、この区間で運転を打ち切るということも、過去に幾度か起こった。

横軽には欠かせない空気ばねパンク装置

協調運転とともにこの区間で大事なのは、台車の空気ばねのパンク装置と、空気圧縮装置の設置である。空気を入れることによって、台車から客車へ伝わる揺れを緩和する空

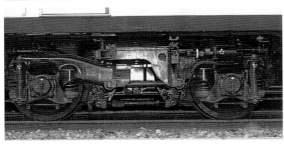

（上）EF63形との協調運転で碓氷峠を超える189系特急「あさま」。信越本線 横川〜軽井沢　1991年11月　撮影：持田昭俊
（左）189系に用いられるDT32 1電動台車。踏面清掃装置が車輪の両端に装備されている

気ばね。しかし、この区間で空気ばねを使用することは事故につながることから禁止されていた。

禁止の理由は、空気ばねによる反発と左右の揺れを防ぐためである。空気ばねは適度な衝撃を吸収するが、過度な衝撃となるとばねの反発力が働き、車両が上下に大きく揺れてしまう。すると連結器に過度な負荷がかかり、車両が浮き上がってしまう危険性がある。また、空気を入れることで車高があがり、車両の重心が高くなるため、左右に揺れやすくなり、脱線の危険性が高まるのだ。

そこで、空気ばねを使用した169系急行型電車、489系特急型電車、189系特急型電車には、台車の空気ばねを一気に抜く、空気ばねパンク装置が取り付けられた。169系と489系は、普通車に空気圧縮装置を設置し、軽井沢もしくは横川に到着すると、この装置を使って空気を入れる作業を行った。189系は、この空気入れの作業を早く行うため、グリーン車用の車両にも空気圧縮装置を搭載し、停車時間の短縮を実現した。

そのほか、台枠や連結器の強化、横揺れ防止装置の取り付け、長野寄りの運転台への非常弁取り付けといった横軽対策が取られた車両には、車両番号の表示の左側に「●クハ189-506」のように、「●」マークが記された。

（文：渡辺雅史）

知って得する国鉄直流特急型電車 4
車両の位置と車両の向きについて

道に関する書籍や雑誌には、しばしば専門用語が何の説明もなく記される。本書はそのようなことのないように努めたが、いくつかの項目に関しては説明が遅れてしまった。それは「前位」「後位」「1位」「2位」といった車両の位置、それから方向転換が可能だとか不可能といった、車両の向きに関する記述だ。

Topics 車両の位置の決め方

まずは、車両の位置の決め方から説明しよう。どちらが前位かは、制御電動車のクモハ183・381形、制御車のクロ183・381・380形、クロハ183形、クハ183・182・185・189・188・381形では容易に判別できる。国鉄が1960(昭和35)年6月10日付けの「総裁達第319号」で策定した規程により、片方に運転室が設けられている車両は、運転室側を前位することとなっているからだ。

中間に連結される電動車や付随車の場合、先ほどの総裁達第319号では「車内において車端に向い、制御回路の引通しが左側となるときの前方」という規程を適用する。とはいえ、183・185・189・381の各系列で、運転室のない車両はいずれも、制御回路を引き通す電線、つまり制御引通し線がどちら側にあるのかを認識することは、車外でも車内でも難しい。

本書では編成を記す際、「モハ183形0番代-モハ182形0番代」という具合にMM'ユニットのM車、つまり奇数形式を先に記載した。実はこの方向で車両を見ると、制御引通し線は手前側となる。車内に入って車端に向かって立ち、制御回路の引通しが左側になるときの前方というのは、2両ともいま述べた位置に立って眺めると、前位は左側だ。

いま挙げたような説明でも分かりづらいであろう。そこで、系列別に個条書きで前位を示すこととする。

……………………………

■183系0・1000番代、189系
・モハ183・182・189・188形
　便洗面所の付いていない側
・サロ183・189形
　出入台の付いている側
■183系200・700・800番代、381系
・モハ183・182・381・380形、サロ381形
　出入台の付いている側
■185系
・モハ185形、サハ185形
　戸袋窓を除く側窓のうち、小窓の付いていない側
・モハ184形　便洗面所の付いている側
・サロ185形　出入台の付いている側

……………………………

整理すると、183系200・700・800番代や381系の電動車、各系列のグリーン車のように側面に1カ所しか出入台が設けられていない場合は、出入台のあるほうが前位となる。一方で出入台が2カ所に設けられている183・185・189系の普通車は複雑だ。

183・189系の場合は便洗面所の付いていない側であるのに対し、モハ184形は便洗面所の付いている側となる。さらに分かりづらいのは、モハ185形、サハ185形においては、戸袋窓を除いた側窓のうち、2連窓となっていない小窓が設けられていない側と